ATALA ET CHACTAS

SUIVI

DU VOYAGE A CLERMONT

PAR CHATEAUBRIAND

PRÉCÉDÉ

d'une Notice historique sur la vie de l'auteur.

Le Radeau.

PARIS

LE BAILLY, LIBRAIRE,

Rue Cardinale, 6, près la rue de Buci,

Faubourg Saint-Germain.

40 centimes, le volume

ATALA

ET

CHACTAS.

Atala délivrant Chactas.

ATALA ET CHACTAS

SUIVI

DU VOYAGE A CLERMONT

PAR CHATEAUBRIAND

PRÉCÉDÉ

d'une Notice historique sur la vie de l'auteur.

PARIS

LE BAILLY, LIBRAIRE,

Rue Cardinale, 6, près la rue de Buci,

Faubourg Saint-Germain.

1860

Ⓒ

NOTICE HISTORIQUE

SUR CHATEAUBRIAND

—

FRANÇOIS-RENÉ-AUGUSTE, vicomte de CHATEAU-
BRIAND, naquit à Saint-Malo, le 4 septembre 1768. Sa
mère, Suzanne de Bédée de la Bouetardais, comtesse de
Combourg, était allée faire une courte promenade en mer
quand les douleurs d'enfant la saisirent inopinément.
Transportée chez elle en toute hâte, elle n'eut pas le temps
de gagner sa chambre à coucher, et c'est dans une mo-
deste cuisine, que vint au monde celui qui devait être une
des plus grandes gloires de la littérature française.
Les premières années de Chateaubriand se passèrent
au château de Combourg, sous la dure autorité de son
père. Cette monotone existence imposée à sa jeunesse, le
plongèrent de bonne heure dans une mélancolie profonde
et, dès l'âge de quinze ans, il sentit germer dans son cer-
veau, les pensées sinistres du suicide. La révélation inté-
rieure de l'illustre avenir qui lui était réservé, arrêta pro-
bablement sa main prête à trancher le fil de ses jours ;
l'étude fit le reste et l'aida à se débarrasser complétement
de la fatale tristesse qui l'obsédait. Les colléges de Dol et
de Rennes le virent tour à tour travailler avec ardeur.
Selon les usages du temps, et comme cadet de famille, la
carrière ecclésiastique lui était destinée, mais il préféra
entrer avec le grade de sous-lieutenant, au régiment de
Navarre, et se rendit à Versailles en 1787.
Arrivé dans cette ville et admis au château avec le rang
que lui assuraient son nom et ses titres, Chateaubriand
suivit assidûment les cours de La Harpe et publia ses
premiers vers dans le *Mercure de France*. Mais les splen-
deurs de la Cour ne le séduisirent pas et bientôt, tour-

menté par la fièvre de l'inconnu et par un invincible besoin d'aventures, il s'embarqua pour l'Amérique.

C'est en parcourant les forêts vierges et les vastes solitudes du Nouveau-Monde que le jeune poëte conçut le plan de son *Atala.* Campant, après de longues marches, au milieu des peuplades sauvages, partageant leur frugal repas, dormant sous leur huttes hospitalières, assistant à leurs conseils, à leurs luttes, à leurs fêtes, le voyageur ne tarda pas à s'identifier aux coutumes étranges de ces hommes primitifs, et à saisir toute l'âpre et majestueuse poésie de leur existence. Les détails pittoresques jetés dans *Atala,* comme pour servir de cadre à l'admirable sujet du poëme, sont donc la peinture exacte des mœurs indiennes, et nulle fantaisie n'a présidé à leur conceptions. Ces prisonniers de guerre réservés au bûcher, ces tribus dépossédées errant dans le désert et emportant avec elles les ossements de leurs aïeux, ces jeunes mères exposant leurs enfants morts sur les branches d'un arbre, tout cela est vrai, tout cela est calqué sur la nature même, et l'auteur n'a pas avancé une seule particularité, qu'il ne l'ait auparavant vue de ses propres yeux.

Il y avait un an déjà que Châteaubriand visitait les diverses contrées américaines, se dirigeant toujours vers le nord, et cherchant à pénétrer à travers les terres jusqu'au pôle boréal, lorsqu'un jour, la plus bizarre des circonstances lui fit tomber entre les mains un fragment de journal français. On était en 1792. A la nouvelle des faits extraordinaires qui se passaient dans sa patrie, le gentilhomme breton, imitant la déplorable erreur dans aquelle étaient tombés tant de nobles, et qui fut la source de si terribles événements pour la France, Châteaubriand, disons-nous, abandonna l'Amérique et revint immédiatement en Europe, s'enrôler parmi les émigrés qui marchaient sur Paris. Il combattait dans les rangs de l'armée royale et catholique, lorsqu'un obus républicain l'atteignit, au siége de Thionville, et le renversa mourant sur le sol. Il fut alors évacué sur Jersey, avec beaucoup d'autres blessés, et passa de là en Angleterre où les médecins désespérèrent fort longtemps de le sauver. Sa santé sa raffermit pourtant peu à peu et il publia plusieurs ouvrages pendant son exil qui dura jusqu'au 18 brumaire, époque où la clémence de Bonaparte rouvrit les portes de la patrie au plus grand nombre des familles émigrées.

Le retour de Châteaubriand en France fut signalé par l'apparition d'un de ses plus beaux ouvrages, *le Génie du Christianisme*. Cette œuvre remarquable fit grand bruit, et le premier consul, juste appréciateur de tous les genres de mérite, récompensa l'auteur en l'envoyant à Rome, en qualité de secrétaire d'ambassade, à la suite du cardinal Fesch, puis en le nommant ambassadeur plénipotentiaire en Valais. La fin dramatique du duc d'Enghien rompit violemment la bonne intelligence qui régnait entre les deux grands hommes. Châteaubriand donna sur le champ sa démission au chef de la nation française, et, depuis lors, ne cessa de faire l'opposition la plus acharnée au gouvernement de l'empereur.

C'est vers cette même époque que le célèbre évrivain entreprit son grand voyage à travers l'Italie, la Grèce et la Turquie pour accomplir son pèlerinage à Jérusalem. L'homme qui avait parcouru jadis les prairies inexplorées d'un monde inconnu, vint fouler le sol antique témoin de la brillante valeur des héros grecs et la pieuse abnégation des martyrs chrétiens. Il erra tour à tour dans les rues de Sparte et de Béthléem, il se désaltéra aux ondes du Jourdain et de l'Eurotas, et sa voix fit retentir les échos du Golgotha et des Thermopyles ! Il a laissé, du reste, un souvenir impérissable de cette longue et périlleuse excursion, c'est l'*Itinéraire de Paris à Jérusalem* qui est tout à la fois un chef-d'œuvre de style et une source inépuisable de précieux documents. L'infatigable voyageur effectua son retour par l'Egypte, ou il vint s'asseoir à l'ombre des Pyramides, et par l'Espagne qui le vit rêver sous les portiques du Généralife et de l'Alhambra. Un nouveau livre, un nouveau chef-d'œuvre, *le dernier Abencérage* lui fut inspiré par la sombre poésie de ces deux dernières ruines. De là, Châteaubriand revint en France, où il se retira dans son paisible ermitage de la Vallée-aux-Loups, et se mit à travailler au grand poëme chrétien qui parut quelques années plus tard. Nous croyons inutile de rappeler ici les mille beautés de cet ouvrage ; les *Martyrs* sont une de ces productions que tout le monde connaît et qui, à elles seules, suffiraient pour immortaliser le nom d'un homme.

Nous ne suivrons pas le littérateur dans sa carrière politique sous la première et la seconde Restauration. Nous dirons seulement que les Bourbons le comblèrent d'honneurs, et que les plus hautes fonctions lui furent maintes fois confiées. C'est ainsi qu'on le vit appelé à la pairie en 1815, puis nommé successivement ministre d'État et des affaires étrangères, ambassadeur à Berlin, à Londres, à Rome, ministre plénipotentiaire au congrès de Vérone, etc.

La révolution de Juillet le trouva fidèle à la cause de la légitimité ; il abdiqua la pairie et s'isola complétement des affaires gouvernementales. Retiré dans une retraite à peu près inaccessible, il ne vit plus qu'un petit nombre d'amis, et s'occupa dès-lors spécialement à classer et coordonner ses souvenirs dans un grand ouvrage qui ne parut qu'après sa mort, sous le titre de *Mémoires d'Outre-Tombe*. Telle se passa la vieillesse du poëte, de 1830 à 1848. Vers cette dernière époque, sa santé s'altéra visiblement, et bientôt son état inspira les plus sérieuses inquiétudes à ceux qui l'entouraient. Leurs craintes ne se réalisèrent que trop : Châteaubriand expira le 4 juillet 1848, à 9 heures du matin, et ses restes mortels furent confiés à la tombe qu'il s'était choisie lui-même non loin des lieux qui l'avaient vû naître. Son mausolée, que battent de toutes parts les flots de l'Atlantique, est situé dans l'îlot du Grand-Ré, à une demi-heure des remparts de Saint-Mâlo.

LÉON QUENTIN.

ATALA ET CHACTAS

PROLOGUE

La France possédait autrefois dans l'Amérique septentrionale un vaste empire qui s'étendait depuis le Labrador jusqu'aux Florides, et depuis les rivages del'Atlantique jusqu'aux lacs les plus reculés du haut Canada.

Quatre grands fleuves, ayant leurs sources dans les mêmes montagnes, divisaient ces régions immenses : le fleuve Saint-Laurent, qui se perd à l'est dans le golfe de son nom ; la rivière de l'Ouest, qui porte ses eaux à des mers inconnues ; le fleuve Bourbon, qui se précipite du midi au nord dans la baie d'Hudson ; et le Meschacébé (1), qui tombe du nord au midi dans le golfe du Mexique.

Ce dernier fleuve, dans un cours de plus de deux mille lieues, arrose une délicieuse contrée que les habitants des Etats-Unis appellent le *nouvel Eden*, et à laquelle les Français ont laissé le doux nom de *Louisiane*. Mille autres fleuves, tributaires du Meschacébé, le Missouri, l'Illinois, l'Akanza, l'Ohio, le Wabache, le Tenase, l'engraissent de leur limon et la fertilisent de leurs eaux. Quand tous ces fleuves se sont gonflés des déluges de l'hiver, quand les tempêtes ont abattus des pans entiers de forêts, les

(1) Vrai nom du Mississipi ou Maschassipi.

arbres déracinés s'assemblent sur les sources. Bientôt la vase les cimente, les lianes les enchaînent, et des plantes y prenant racine de toutes parts, achèvent de consolider ces débris. Charriés par les vagues écumantes, ils descendent au Meschacébé; le fleuve s'en empare, les pousse au golfe Mexicain, les échoue sur des bancs de sable, et accroît ainsi le nombre de ses embouchures. Par intervalle, il élève sa voix en passant sur les monts, et répand ses eaux débordées autour des colonnades des forêts et des pyramides des tombeaux indiens : c'est le Nil des déserts. Mais la grâce est toujours unie à la magnificence dans les scènes de la nature : tandis que le courant du milieu entraîne vers la mer les cadavres des pins et des chênes, on voit sur les deux courants latéraux remonter, le long des rivages, des îles flottantes de pistia et de nénuphar, dont les roses jaunes s'élèvent comme de petits pavillons. Des serpents verts, des hérons bleus, des flammants roses, de jeunes crocodiles, s'embarquent passagers sur ces vaisseaux de fleurs, et la colonie, déployant au vent ses voiles d'or, va aborder endormie dans quelque anse retirée du fleuve.

Les deux rives du Meschacébé présentent le tableau le plus extraordinaire. Sur le bord occidental, des savanes se déroulent à perte de vue ; leurs flots de verdure, en s'éloignant, semblent monter dans l'azur du ciel où ils s'évanouissent. On voit dans ces prairies sans bornes errer à l'aventure des troupeaux de trois ou quatre mille buffles sauvages. Quelquefois un bison chargé d'années, fendant les flots à la nage, se vient coucher parmi de hautes herbes, dans une île du Meschacébé. A son front orné de deux croissants, à sa barbe antique et limoneuse, vous le prendriez pour le dieu du fleuve, qui jette un œil satisfait sur la grandeur de ses ondes et la sauvage abondance de ses rives.

Telle est la scène sur le bord occidental ; mais elle change sur le bord opposé, et forme avec la première un admirable contraste. Suspendus sur le cours des eaux, groupés sur les rochers et sur les montagnes, dispersés dans les vallées, des arbres de toutes les formes, de toutes les couleurs, de tous les parfums, se mêlent, croissent ensemble, montent dans les airs à des hauteurs qui fatiguent les regards. Les vignes sauvages, les bignonias, les coloquintes, s'entrelacent au pied de ces arbres, escaladent leurs rameaux, grimpent à l'extrémité des branches, s'élancent de l'érable au tulipier, du tulipier à l'alcée, en formant mille grottes, mille voûtes, mille portiques. Souvent, égarées d'arbre en arbre, ces lianes traversent des bras de rivière, sur lesquels elles jettent des ponts de fleurs. Du sein de ces massifs, le magnolia élève son cône immobile ; surmonté de ses larges roses blanches, il domine toute la forêt, et n'a d'autre rival que le palmier, qui balance légèrement auprès de lui ses éventails de verdure.

Une multitude d'animaux placés dans ces retraites par la main du Créateur y répandent l'enchantement et la vie. De l'extrémité des avenues on aperçoit des ours, enivrés de raisins, qui chancellent sur les branches des ormeaux ; des cariboux se baignent dans un lac ; des écureuils noirs se jouent dans l'épaisseur des feuillages ; des oiseaux-moqueurs, des colombes de Virginie, de la grosseur d'un passereau, descendent sur les gazons rougis par les fraises ; des perroquets verts à tête jaune, des piverts empourprés, des cardinaux de feu, grimpent en circulant au haut des cyprès ; des colibris étincellent sur le jasmin des Florides, et des serpents-oiseleurs sifflent suspendus aux dômes des bois, en s'y balançant comme des lianes.

Si tout est silence et repos dans les savanes de l'autre côté du fleuve, tout ici, au contraire, est mouvement et murmure : des coups de bec contre le tronc des chênes, des froissements d'animaux qui marchent, broutent ou broient entre leurs dents les noyaux des fruits ; des bruissements d'ondes, de faibles gémissements, de sourds meuglements, de doux roucoulements, remplissent ces déserts d'une tendre et sauvage harmonie. Mais quand une brise vient à animer ces solitudes, à balancer ces corps flottants, à confondre ces masses de blanc, d'azur, de vert, de rose ; à mêler toutes les couleurs, à réunir tous les murmures : alors il sort de tels bruits du fond des forêts, il se passe de telles choses aux yeux, que j'essaierais en vain de les décrire à ceux qui n'ont point parcouru ces champs primitifs de la nature.

Après la découverte du Meschacébé par le père Marquette et l'infortuné La Salle, les premiers Français qui s'établirent au Biloxi et à la Nouvelle-Orléans, firent alliance avec les Natchez, nation indienne dont la puissance était redoutable dans ces contrées. Des querelles et des jalousies ensanglantèrent dans la suite la terre de l'hospitalité. Il y avait parmi ces Sauvages un vieillard nommé *Chactas* (1), qui, par son âge, sa sagesse et sa science dans les choses de la vie, était le patriarche et l'amour des déserts. Comme tous les hommes, il avait acheté la vertu par l'infortune. Non-seulement les forêts du Nouveau-Monde furent remplies de ses malheurs, mais il les porta jusque sur les rivages de la France.

(1) La voix harmonieuse.

Retenu aux galères à Marseille par une cruelle injustice, rendu à la liberté, présenté à Louis XIV, il avait conversé avec les grands hommes de ce siècle et assisté aux fêtes de Versailles, aux tragédies de Racine, aux oraisons funèbres de Bossuet; en un mot, le Sauvage avait contemplé la société à son plus haut point de splendeur.

Depuis plusieurs années, rentré dans le sein de sa patrie, Chactas jouissait du repos. Toutefois le ciel lui vendait encore cher cette faveur; le vieillard était devenu aveugle. Une jeune fille l'accompagnait sur les coteaux du Meschacébé, comme Antigone guidait les pas d'OEdipe sur le Cythéron, ou comme Malvina conduisait Ossian sur les rochers de Morven.

Malgré les nombreuses injustices que Chactas avait éprouvées de la part des Français, il les aimait. Il se souvenait toujours de Fénélon, dont il avait été l'hôte, et désirait pouvoir rendre quelque service aux compatriotes de cet homme vertueux. Il s'en présenta une occasion favorable. En 1725, un Français nommé *Réné*, poussé par des passions et des malheurs, arriva à la Louisiane. Il remonta le Meschacébé jusqu'aux Natchez, et demanda à être reçu guerrier de cette nation. Chactas l'ayant interrogé, et le trouvant inébranlable dans sa résolution, l'adopta pour fils, et lui donna pour épouse une Indienne, appelée *Céluta*. Peu de temps après ce mariage, les Sauvages se préparèrent à la chasse du castor.

Chactas, quoique aveugle, est désigné par le conseil des sachems (1) pour commander l'expédition, à cause du respect que les tribus indiennes lui portaient. Les prières et les jeûnes commencent; les

(1) Vieillards ou conseillers.

jongleurs interprètent les songes ; on consulte les
manitous ; on fait des sacrifices de petun ; on brûle
des filets de langue d'original ; on examine s'ils
pétillent dans la flamme, afin de découvrir la volonté
des génies ; on part enfin, après avoir mangé le chien
sacré. Réné est de la troupe. A l'aide des contre-
courants, les pirogues remontent le Meschacébé, et
entrent dans le lit de l'Ohio. C'est en automne. Les
magnifiques déserts du Kentucky se déploient aux
yeux étonnés du jeune Français. Une nuit, à la
clarté de la lune, tandis que tous les Natchez dorment
au fond de leurs pirogues, et que la flotte indienne,
élevant ses voiles de peaux de bêtes, fuit devant une
légère brise, Réné, demeuré seul avec Chactas, lui
demande le récit de ses aventures. Le vieillard con-
sent à le satisfaire, et assis avec lui sur la poupe de
la pirogue, il commence en ces mots :

LE RÉCIT

LES CHASSEURS

« C'est une singulière destinée, que celle qui nous
réunit. Je vois en toi l'homme civilisé qui s'est fait
sauvage ; tu vois en moi l'homme sauvage que le
Grand-Esprit (j'ignore pour quel dessein) a voulu
civiliser. Entrés l'un et l'autre dans la carrière de la
vie par les deux bouts opposés, tu es venu te reposer
à ma place, et j'ai été m'asseoir à la tienne : ainsi
nous avons dû avoir des objets une vue totalement
différente. Qui, de toi ou de moi, a le plus gagné
ou le plus perdu à ce changement de position ? C'est
ce que savent les génies, dont le moins savant a plus
de sagesse que tous les hommes ensemble.

« A la prochaine lune des fleurs (1), il y aura sept fois dix neiges, et trois neiges de plus (2), que ma mère me mit au monde sur le bord du Meschacébé. Les Espagnols s'étaient depuis peu établis dans la baie de Pensacola ; mais aucun blanc n'habitait encore la Louisiane. Je comptais à peine dix-sept chutes de feuilles lorsque je marchai avec mon père, le guerrier Outalissi, contre les Muscogulges, nation puissante des Florides. Nous nous joignîmes aux Espagnols, nos alliés, et le combat se donna sur une des branches de la Maubile. Areskoui (3) et les manitous ne nous furent pas favorables. Les ennemis triomphèrent ; mon père perdit la vie ; je fus blessé deux fois en le défendant. Oh! que ne descendis-je alors dans le pays des âmes (4) ! j'aurais évité les malheurs qui m'attendaient sur la terre. Les esprits en ordonnèrent autrement : je fus entraîné par les fuyards à Saint-Augustin.

« Dans cette ville, nouvellement bâtie par les Espagnols, je courais le risque d'être enlevé par les mines de Mexico, lorsqu'un vieux Castillan nommé *Lopez*, touché de ma jeunesse et de ma simplicité, m'offrit un asile et me présenta à une sœur avec laquelle il vivait sans épouse.

« Tous deux prirent pour moi les sentiments les plus tendres. On m'éleva avec beaucoup de soins ; on me donna toutes sortes de maîtres. Mais après avoir passé trente lunes à Saint-Augustin, je fus saisi du dégoût de la vie des cités. Je dépérissais à vue d'œil : tantôt je demeurais immobile pendant des heures à contempler la cime des lointaines

(1) Mois de mai.
(2) Neige pour année ; soixante-treize ans.
(3) Dieu de la guerre.
(4) Les enfers.

forêts : tantôt on me trouvait assis au bord d'un
fleuve, que je regardais tristement couler. Je me
peignais les bois à travers lesquels cette onde avait
passé, et mon âme était tout entière à la solitude.

« Ne pouvant plus résister à l'envi de retourner
au désert, un matin je me présentai à Lopez, vêtu
de mes habits de Sauvage, tenant d'une main mon
arc et mes flèches, et de l'autre mes vêtements
européens. Je les remis à mon généreux protecteur,
aux pieds duquel je tombai eu versant des torrents
de larmes. Je me donnai des noms odieux ; je m'ac-
cusai d'ingratitude : « Mais enfin, lui dis-je, ô mon
« père ! tu le vois toi-même : je meurs si je ne
reprends la vie de l'Indien. »

« Lopez, frappé d'étonnement, voulut me détour-
ner de mon dessein. Il me représenta les dangers
que j'allais courir, en m'exposant à tomber de nouveau entre les mains des Muscogulges. Mais voyant
que j'étais résolu à tout entreprendre, fondant en
pleurs, et me serrant dans ses bras : « Va, s'écria-t-il,
« enfant de la nature ! reprends cette indépendance
« de l'homme que Lopez ne te veut point ravir. Si
« j'étais plus jeune moi-même, je t'accompa-
« gnerais au désert (où j'ai aussi de doux souvenirs !),
« et je te remettrais dans les bras de ta mère. Quand
« tu seras dans tes forêts, songe quelquefois à ce
« vieil Espagnol qui te donna l'hospitalité, et
« rappelle-toi, pour te porter à l'amour de tes
« semblables, que la première expérience que tu
« as faite du cœur humain a été toute en sa faveur. »
Lopez finit par une prière au Dieu des chrétiens,
dont j'avais refusé d'embrasser le culte, et nous
nous quittâmes avec des sanglots.

« Je ne tardai pas être puni de mon ingratitude.
Mon inexpérience m'égara dans les bois, et je fus

pris par un parti de Muscogulgés et de Siminoles, comme Lopez me l'avait prédit. Je fus reconnu pour Natchez à mon vêtement et aux plumes qui ornaient ma tête. On m'enchaîna, mais légèrement à cause de ma jeunesse. Simaghan, le chef de la troupe, voulut savoir mon nom ; je répondis : « Je m'ap-« pelle *Chactas*, fils d'Outalissi, fils de Miscou, « qui ont enlevé plus de cent chevelures aux héros « Muscogulges. » Simaghan me dit : « Chactas, « fils d'Outalissi, fils de Miscou, réjouis-toi ; tu « seras brûlé au grand village. » Je repartis : « Voilà qui va bien ; » et j'entonnai ma chanson de mort.

« Tout prisonnier que j'étais, je ne pouvais, durant les premiers jours, m'empêcher d'admirer mes ennemis. Le Muscogulges, et surtout son allié, le Siminole, respire la gaîté, l'amour, le conten-tement. Sa démarche est légère, son abord ouvert et serein. Il parle beaucoup et avec volubilité ; son langage est harmonieux et facile. L'âge même ne peut ravir aux sachems cette simplicité joyeuse : comme les vieux oiseaux de nos bois, ils mêlent encore leurs vieilles chansons aux airs nouveaux de leur jeune postérité.

« Les femmes qui accompagnaient la troupe témoignaient pour ma jeunesse une piété tendre et une curiosité aimable. Elles me questionnaient sur ma mère, sur les premiers jours de ma vie ; elles voulaient savoir si l'on suspendait mon berceau de mousse aux branches fleuries des érables, si les brises m'y balançaient auprès du nid des petits oiseaux. C'était ensuite mille autres questions sur l'état de mon cœur : elles me demandaient si j'avais vu une biche blanche dans mes songes, et si les arbres de la vallée secrète m'avaient conseillé d'aimer. Je

répondais avec naïveté aux mères, aux filles et aux
épouses des hommes. Je leur disais : « Vous êtes
« les grâces du jour, et la nuit vous aime comme
« la rosée. L'homme sort de votre sein pour se sus-
« pendre à votre mamelle et à votre bouche; vous
« savez les paroles magiques qui endorment toutes
« les douleurs. Voilà ce que m'a dit celle qui m'a
« mis au monde, et qui ne me reverra plus! elle
« m'a dit encore que les vierges étaient des fleurs
« mystérieuses, qu'on trouve dans les lieux soli-
« taires. »

« Ces louanges faisaient beaucoup de plaisir aux
femmes; elles me comblaient de toutes sortes de
dons; elles m'apportaient de la crême de noix, du
sucre d'érable, de la sagamité (1), des jambons
d'ours, des peaux de castor, des coquillages pour me
parer, et des mousses pour ma couche. Elles chantaient, elles riaient avec moi, et puis elles se pre-
naient à verser des larmes en songeant que je serai
brûlé.

« Une nuit que les Muscogulges avaient placé
leur camp sur le bord d'une forêt, j'étais assis auprès
du *feu de la guerre*, avec le chasseur commis à
ma garde. Tout à coup j'entendis le murmure d'un
vêtement sur l'herbe, et une femme à demie voilée
vint s'asseoir à mes côtés. Des pleurs coulaient sous
sa paupière; à la lueur du feu, un petit crucifix
d'or brillait sur son sein. Elle était régulièrement
belle; l'on remarquait sur son visage je ne sais
quoi de vertueux et de passionné, dont l'attrait était
irrésistible. Elle joignait à cela des grâces plus tendres; une extrême sensibilité, unie à une mélancolie
profonde, respiraient dans ses regards; son sourire
était céleste.

(1) Sorte de pâte de maïs.

« Je crus que c'était la *Vierge des dernières
amours*, cette vierge qu'on envoie au prisonnier de
guerre pour enchanter sa tombe. Dans cette per-
suasion, je lui dis en balbutiant, et avec un trouble
qui pourtant ne venait pas de la crainte du bûcher :
« Vierge, vous êtes digne des premières amours,
« et vous n'êtes pas faite pour les dernières. Les
« mouvements d'un cœur, qui va bientôt cesser de
« battre répondraient mal aux mouvements du
« vôtre. Comment mêler la mort et la vie ? Vous me
« feriez trop regretter le jour. Qu'un autre soit
« plus heureux que moi, et que de longs embras-
« sements unissent la liane et le chêne.

« La jeune fille me dit alors : « Je ne suis point
« la *Vierge des dernières amours*. Es-tu chrétien ? »
Je répondis que je n'avais point trahi les génies de
ma cabane. A ces mots l'Indienne fit un mouvement
involontaire. Elle me dit : « Je te plains de n'être
« qu'un méchant idolâtre. Ma mère m'a faite chré-
« tienne ; je me nomme *Atala*, fille de Simaghan
« aux bracelets d'or, et chef des guerriers de cette
« troupe. Nous nous rendons à Apalachucla, où tu
« seras brûlé. » En prononçant ces mots, Atala
se lève et s'éloigne. »

Ici Chactas fut contraint d'interrompre son récit.
Des souvenirs se pressèrent en foule dans son âme ;
ses yeux éteints inondèrent de larmes ses joues
flétries : telles deux sources cachées dans la profonde
nuit de la terre se décèlent par les eaux qu'elles
laissent filtrer entre les rochers.

« O mon fils, reprit-il enfin, tu vois que Chactas
est bien peu sage, malgré sa renommée de sagesse !
Hélas ! mon cher enfant, les hommes ne peuvent
déjà plus voir, qu'ils peuvent encore pleurer ! Plusieurs jours s'écoulèrent, la fille du sachem revenait

chaque soir me parler. Le sommeil avait fui de mes yeux, et Atala était dans mon cœur comme le souvenir de la couche de mes pères.

« Le dix-septième jour de marche, vers le temps où l'éphémère sort des eaux, nous entrâmes sur la grande savane Alachua. Elle est environnée de coteaux qui, fuyant les uns derrières les autres, portent, en s'élevant jusqu'aux nues, des forêts étagées de copalmes, de citronniers, de magnolias et de chênes-verts. Le chef poussa le cri d'arrivée, et la troupe campa au pied des collines. On me relégua à quelque distance, au bord d'un de ces *puits naturels*, si fameux dans les Florides. J'étais attaché au pied d'un arbre; un guerrier veillait impatiemment auprès de moi. J'avais à peine passé quelques instants dans ce lieu, qu'Atala parut sous les liquidambars de la fontaine. « Chasseur, dit-elle au « héros muscogulge, si tu veux poursuivre ton « chevreuil, je garderai le prisonnier. » Le guerrier bondit de joie à cette parole de la fille du chef; il s'élance du sommet de la colline et allonge ses pas dans la plaine.

« Étrange contradiction du cœur de l'homme! moi qui avais tant désiré de dire les choses du mystère à celle que j'aimais déjà comme le soleil maintenant interdit et confus, je crois que j'eusse préféré d'être jeté aux crocodiles de la fontaine, à me trouver seul ainsi avec Atala. La fille du désert était aussi troublée que son prisonnier; nous gardions un profond silence; les génies de l'amour avaient dérobé nos paroles. Enfin Atala, faisant un effort, dit ceci : « Guerrier, vous êtes retenu faiblement : « vous pouvez aisément vous échapper. » A ces mots, la hardiesse revint sur ma langue; je répondis : « Faiblement retenu, ô femme !... » Je ne sus comment achever. Atala hésita quelques moments; puis elle dit; « Sauvez-vous. » Et elle me détacha du tronc de l'arbre. Je saisis la corde; je la remis dans la main de la fille étrangère, en forçant ses beaux doigts à se fermer sur ma chaîne. « Reprenez-la ! reprenez-la ! » m'écriai-je. — « Vous êtes un insensé, « dit Atala d'une voix émue. Malheureux ! ne sais-tu « pas que tu seras brûlé ? Que prétends-tu ? Songes- « tu bien que je suis la fille d'un redoutable sachem ? « — Il fut un temps, répliquai-je avec des larmes, « que j'étais aussi porté dans une peau de castor « aux épaules d'une mère. Mon père avait aussi une « belle hutte, et ses chevreuils buvaient les eaux « de mille torrents; mais j'erre maintenant sans « patrie. Quand je ne serai plus, aucun ami ne « mettra un peu d'herbe sur mon corps pour le « garantir des mouches. Le corps d'un étranger « malheureux n'intéresse personne. »

« Ces mots attendrirent Atala. Ses larmes tom- bèrent dans la fontaine. « Ah ! repris-je avec viva- « cité, si votre cœur parlait comme le mien ! Le « désert n'est-il pas libre ? Les forêts n'ont-elle « point de replis où nous cacher ? Faut-il donc, « pour être heureux, tant de choses aux enfants « des cabanes ? O fille plus belle que le premier « songe de l'époux ! ô ma bien-aimée ! ose suivre « mes pas. » Telles furent mes paroles. Atala me répondit d'une voix tendre : « Mon jeune ami, vous « avez appris le langage des blancs; il est aisé de « tromper une Indienne. — Quoi ! m'écriai-je, « vous m'appelez votre jeune ami ! Ah ! si un pau- « vre esclave... — Hé bien ! dit-elle en se penchant « sur moi : un pauvre esclave... » Je repris avec ardeur : « Qu'un baiser l'assure de ta foi ! » Atala écouta ma prière. Comme un faon semble pendre aux fleurs de lianes roses, qu'il saisit de sa langue délicate dans l'escarpement de la montagne, ainsi je restai suspendu aux lèvres de ma bien-aimée.

— Hélas! mon cher fils, la douleur touche de près au plaisir! Qui eût pu croire que le moment où Atala me donnait le premier gage de son amour serait celui-là même où elle détruirait mes espérances? Cheveux blanchis du vieux Chactas, quel fut votre étonnement lorsque la fille du sachem prononça ces paroles : « Beau prisonnier, j'ai follement « cédé à ton désir ; mais où nous conduira cette « passion? Ma religion me sépare de toi pour tou- « jours... O ma mère, qu'as-tu fait?... » Atala se tut tout à coup, et retint je ne sus quel fatal secret près d'échapper à ses lèvres. Ses paroles me plongèrent dans le désespoir. « Hé bien! m'écriai-je, je « serai aussi cruel que vous ; je ne fuirai point. Vous « me verrez dans le cadre de feu ; vous entendrez « les gémissements de ma chair, et vous serez « pleine de joie. » Atala saisit mes mains entre les deux siennes. « Pauvre jeune idolâtre, s'écria-t-elle, « tu me fais réellement pitié! Tu veux donc que je « pleure tout mon cœur? Quel dommage que je ne « puisse fuir avec toi! Malheureux a été le ventre « de ta mère, ô Atala! Que ne te jettes-tu au croco- « dile de la fontaine! »

« Dans ce moment même, les crocodiles, aux approches du coucher du soleil, commençaient à faire entendre leurs rugissements. Atala me dit : « Quit- « tons ces lieux. » J'entraînai la fille du Simaghan au pied des coteaux qui formaient des golfes de verdure, en avançant leurs promontoires dans la savane. Tout était calme et superbe au désert. La cigogne criait sur son nid ; les bois retentissaient du chant monotone des cailles, du sifflement des perruches, du mugissement des bisons et du hennissement des cavales siminoles.

« Notre promenade fut presque muette. Je marchais à côté d'Atala ; elle tenait le bout de la corde, que je l'avais forcée de reprendre. Quelquefois nous versions des pleurs, quelquefois nous essayions de sourire. Un regard, tantôt levé vers le ciel, tantôt attaché à la terre, une oreille attentive au chant de l'oiseau, un geste vers le soleil couchant, une main tendrement serrée, un sein tour à tour palpitant, tour à tour tranquille, les noms de Chactas et d'Atala doucement répétés par intervalle... O première promenade de l'amour, il faut que votre souvenir soit bien puissant, puisque après tant d'années d'infortune vous remuez encore le cœur du vieux Chactas !

« Qu'ils sont incompréhensibles, les mortels agités par des passions ! Je venais d'abandonner le généreux Lopez, je venais de m'exposer à tous les dangers pour être libre ; dans un instant, le regard d'une femme avait changé mes goûts, mes résolutions, mes pensées ! Oubliant mon pays, ma mère, ma cabane et la mort affreuse qui m'attendait, j'étais devenu indifférent à tout ce qui n'était pas Atala. Sans force pour m'élever à la raison de l'homme, j'étais retombé tout à coup dans une espèce d'enfance ; et, loin de pouvoir rien faire pour me soustraire aux maux qui m'attendaient, j'aurais eu presque besoin qu'on s'occupât de mon sommeil et de ma nourriture.

« Ce fut donc vainement qu'après nos courses dans la savane, Atala se jeta à mes genoux, m'invita de nouveau à la quitter. Je lui protestai que je retournerais seul au camp, si elle refusait de me ratta-

cher au pied de mon arbre. Elle fut obligée de me
satisfaire, espérant me convaincre une autre fois.

« Le lendemain de cette journée, qui décida du
destin de ma vie, on s'arrêta dans une vallée, non
loin de Cuscowilla, capitale des Siminoles. Ces Indiens, unis aux Muscogulges, forment avec eux la
confédération des Creeks. La fille du pays des palmiers vint me trouver au milieu de la nuit. Elle me
conduisit dans une grande forêt de pins, et renou-
vela ses prières pour m'engager à la fuite. Sans lui
répondre, je pris sa main dans ma main, et je forçai
cette biche, altérée d'errer avec moi dans la forêt.
La nuit était délicieuse. Le génie des airs secouait sa
chevelure bleue, embaumée de la senteur des pins,
et l'on respirait la faible odeur d'ambre qu'exhalaient
les crocodiles couchés sous les tamarins des fleuves.
La lune brillait au milieu d'un azur sans tache, et sa
lumière gris de perle descendait sur la cime indéter-
minée des forêts. Aucun bruit ne se faisait entendre,
hors je ne sais quelle harmonie lointaine qui régnait
dans la profondeur des bois : on eût dit que l'âme
de la solitude soupirait dans toute l'étendue du désert.

« Nous aperçûmes à travers les arbres un jeune
homme qui, tenant à la main un flambeau, ressemblait au génie du printemps parcourant les forêts
pour ranimer la nature. C'était un amant qui allait s'instruire de son sort à la cabane de sa maîtresse.

« Si la vierge éteint le flambeau, elle accepte les
vœux offerts ; si elle se voile sans l'éteindre, elle re-
jette un époux.

« Le guerrier, en se glissant dans les ombres
chantait à demi-voix ces paroles :

« Je devancerai les pas du jour sur le sommet

des montagnes pour chercher ma colombe solitaire parmi les chênes de la forêt.

« J'ai attaché à son cou un collier de porcelaine (1); on y voit trois grains rouges pour mon amour, trois violets pour mes craintes, trois bleus pour mes espérances.

« Mila a les yeux d'une hermine et la chevelure légère d'un champ de riz; sa bouche est un coquillage rose garni de perles; ses deux seins sont comme deux petits chevreaux sans tache, nés au même jour, d'une seule mère.

« Puisse Mila éteindre ce flambeau! Puisse sa bouche verser sur lui une ombre voluptueuse! Je fertiliserai son sein. L'espoir de la patrie pendra à sa mamelle féconde, et je fumerai mon calumet de paix sur le berceau de mon fils.

« Ah! laissez-moi devancer les pas du jour sur le sommet des montagnes pour chercher ma colombe solitaire parmi les chênes de la forêt! »

« Ainsi chantait ce jeune homme, dont les accents portèrent le trouble jusqu'au fond de mon âme, et firent changer de visage à Atala. Nos mains unies frémirent l'une dans l'autre. Mais nous fûmes distraits de cette scène par une scène non moins dangereuse pour nous.

« Nous passâmes auprès du tombeau d'un enfant, qui servait de limites à deux nations. On l'avait placé au bord du chemin, selon l'usage, afin que les jeunes femmes, en allant à la fontaine, pussent attirer dans leur sein l'âme de l'innocente créature, et la rendre à la patrie. On y voyait dans ce moment des épouses nouvelles qui, désirant les douceurs de la maternité, cherchaient, en entr'ouvrant leurs lèvres, à recueillir l'âme du petit enfant, qu'elles croyaient

(1) Sorte de coquillage.

voir errer sur les fleurs. La véritable mère vint ensuite déposer une gerbe de maïs et des fleurs de lis
blanc sur le tombeau. Elle arrosa la terre de son
lait, s'assit sur le gazon humide, et parla à son enfant d'une voix attendrie.

« Pourquoi te pleuré-je dans ton berceau de terre,
« ô mon nouveau né! quand le petit oiseau devient
« grand, il faut qu'il cherche sa nourriture, et il
« trouve dans le désert bien des graines amères. Du
« moins tu as ignoré les pleurs; du moins ton cœur
« n'a point été exposé au souffle dévorant des hom-
« mes. Le bouton qui sèche dans son enveloppe
« passe avec tous ses parfums, comme toi, ô mon
« fils, avec toute ton innocence. Heureux ceux qui
« meurent au berceau, ils n'ont connu que les bai-
« sers et les souris d'une mère! »

« Déja subjugués par notre propre cœur, nous
fûmes accablés par ces images d'amour et de maternité, qui semblaient nous poursuivre dans ces solitudes enchantées. J'emportai Atala dans mes bras au
fond de la forêt, et je lui dis des choses qu'aujour-
d'hui je chercherais en vain sur mes lèvres. Le vent
du midi, mon cher fils, perd sa chaleur en passant
sur des montagnes de glace. Les souvenirs de l'a-
mour dans le cœur d'un vieillard sont comme les
feux du jour réfléchis par l'orbe de la lune, lorsque
le soleil est couché, et que le silence plane sur la
hutte des Sauvages.

« Qui pouvait sauver Atala? qui pouvait l'empêcher de succomber à la nature? rien qu'un miracle,
sans doute, et ce miracle fut fait! La fille de Sina-
ghan eut recours au Dieu des chrétiens; elle se
précipita sur la terre et prononça une fervente
oraison, adressée à sa mère et à la Reine des
vierges. C'est de ce moment, ô René, que j'ai

conçu une merveilleuse idée de cette religion qui,
dans les forêts, au milieu de toutes les privations de la
vie, peut remplir de mille dons les infortunes, de cette
religion qui, opposant sa puissance au torrent des passions, suffit seule pour les vaincre lorsque tout les fa-
vorise, et le secret des bois, et l'absence des hommes
et la fidélité des ombres. Ah! qu'elle me parut divine,
la simple Sauvage, l'ignorante Atala, qui, à genoux devant un vieux pin tombé comme au pied d'un autel,
offrait à son Dieu des vœux pour un amant idolâtre!
Ses yeux levés vers l'astre de la nuit, ses joues brillantes des pleurs de la religion et de l'amour, étaient
d'une beauté immortelle. Plusieurs fois il me sembla
qu'elle allait prendre son vol vers les cieux; plusieurs
fois je crus voir descendre sur les rayons de la lune
et entendre dans les branches des arbres ces génies
que le Dieu des chrétiens envoie aux ermites des rochers, lorsqu'il se dispose à les rappeler à lui. J'en
fus affligé, car je craignis qu'Atala n'eût que peu de
temps à passer sur la terre.

« Cependant elle versa tant de larmes, elle se
montra si malheureuse, que j'allais peut-être con-
sentir à m'éloigner, lorsque le cri de mort retentit
dans la forêt. Quatre hommes armés se précipitent
sur moi : nous avions été découvert; le chef de
guerre avait donné l'ordre de nous poursuivre.

Atala, qui ressemblait à une reine pour l'orgueil
de la démarche, dédaigna de parler à ces guerriers.
Elle leur lança un regard superbe, et se rendit auprès
de Simaghan.

« Elle ne put rien obtenir. On redoubla mes gardes, on multiplia mes chaînes, on écarta mon amante.
Cinq nuits s'écoulent, et nous apercevons Apalachucla, situé au bord de la rivière Chata-Uche. Aussitôt
on me couronne de fleurs; on me peint le visage d'azur

et de vermillon, on m'attache des perles au nez et aux oreilles, et l'on me met à la main un chichikoué (1).

« Ainsi paré pour le sacrifice, j'entre dans Apalachucla, aux cris répétés de la foule. C'en était fait de ma vie, quand tout à coup le bruit d'une conque se fait entendre, et le Mico, ou chef de la nation, ordonne de s'assembler.

« Tu connais, mon fils, les tourments que les Sauvages font endurer aux prisonniers de guerre. Les missionnaires chrétiens, au péril de leurs jours, et avec une charité infatigable, étaient parvenus, chez plusieurs nations, à faire substituer un esclavage assez doux aux horreurs du bûcher. Les Muscogulges n'avaient point encore adopté cette coutume ; mais un parti nombreux s'était déclaré en sa faveur. C'était pour prononcer sur cette importante affaire que le Mico convoquait les sachems. On me conduit au lieu des délibérations.

« Non loin d'Apalachucla s'élevait, sur un tertre isolé, le pavillon du conseil. Trois cercles de colonnes formaient l'élégante architecture de cette rotonde. Les colonnes étaient de cyprès poli et sculpté ; elles augmentaient en hauteur et en épaisseur, et diminuaient en nombre, à mesure qu'elles se rapprochaient du centre, marqué par un pilier unique. Du sommet de ce pilier partaient des bandes d'écorce, qui, passant sur le sommet des autres colonnes, couvraient le pavillon en forme d'éventail à jour.

« Le conseil s'assemble. Cinquante vieillards, en manteau de castor, se rangent sur des espèces de gradins, faisant face à la porte du pavillon. Le grand chef est assis au milieu d'eux, tenant à la main le calumet de paix à demi coloré pour la guerre. A la droite des vieillards se placent cinquante femmes cou-

_____
(1) Instrument de musique des sauvages.

vertes d'une robe de plumes de cygne. Les chefs de
guerre, le tomahawk (2) à la main, le pennage en
tête les bras et la poitrine teints de sang, prennent la
gauche.

« Au pied de la colonne centrale brûle le feu du
conseil. Le premier jongleur, environné des huit
gardiens du temple, vêtu de longs habits, et portant
un hibou empaillé sur la tête, verse du baume de
copalme sur la flamme et offre un sacrifice au soleil.
Ce triple rang de vieillards, de matrones, de guerriers; ces prêtres, ces nuages d'encens, ce sacrifice,
tout sert à donner à ce conseil un appareil imposant.

« J'étais debout, enchaîné au milieu de l'assemblée. Le sacrifice achevé, le Mico prend la parole, et
expose avec simplicité l'affaire qui rassemble le conseil. Il jette un collier bleu dans la salle, en témoi-
gnage de ce qu'il vient de dire.

« Alors un sachem de la tribu de l'Aigle se lève,
et parle ainsi :

« Mon père le Mico, sachems, matrones, guer-
« riers des quatre tribus de l'Aigle, du Castor, du
« Serpent et de la Tortue, ne changeons rien aux
« mœurs de nos aïeux; brûlons le prisonnier, et n'a-
« mollissons point nos courages. C'est une coutume
« des blancs qu'on vous propose; elle ne peut être
« que pernicieuse. Donnez un collier rouge qui con-
« tienne mes paroles. J'ai dit. »

« Et il jette un collier rouge dans l'assemblée.

« Une matrone se lève, et dit :

« Mon père l'Aigle; vous avez l'esprit d'un renard
« et la prudente lenteur d'une tortue. Je veux polir
« avec vous la chaîne d'amitié, et nous planterons
« ensemble l'arbre de paix. Mais changeons les cou-

(2) La hache.

« tumes de nos aïeux en ce qu'elles ont de funeste.
« Ayons des esclaves qui cultivent nos champs, et
« n'entendons plus les cris des prisonniers, qui trou-
« blent le sein des mères. J'ai dit. »

« Comme on voit les flots de la mer se briser
pendant un orage, comme en automne les feuilles
séchées sont enlevées par un tourbillon, comme les
roseaux du Meschacébé plient et se relèvent dans
une inondation subite, comme un grand troupeau de
cerfs brame au fond d'une forêt, ainsi s'agitait et
murmurait le conseil. Des sachems, des guerriers,
des matrones, parlent tour à tour ou tous ensemble.
Les intérêts se choquent, les opinions se divisent, le
conseil va se dissoudre ; mais enfin l'usage antique
l'emporte, et je suis condamné au bûcher.

« Une circonstance vint retarder mon supplice, la
Fête des morts ou le *Festin des âmes* approchait.
Il est d'usage de ne faire mourir aucun captif pendant les jours consacrés à cette cérémonie. On me
confia à une garde sévère ; et sans doute les sachems
éloignèrent la fille de Simaghan, car je ne la revis
plus.

« Cependant les nations de plus de trois cents
lieues à la ronde arrivaient en foule pour célébrer le
Festin des âmes. On avait bâti une longue hutte
sur un site écarté. Au jour marqué, chaque cabane
exhuma les restes de ses pères de leurs tombeaux
particuliers, et l'on suspendit les squelettes, par ordre et par famille, aux murs de la *Salle commune
des aïeux.* Les vents (une tempête s'était élevée),
les forêts, les cataractes mugissaient au dehors, tandis que les vieillards des diverses nations concluaient
entre eux des traités de paix et d'alliance sur les os
de leurs pères.

« On célèbre les jeux funèbres, la course, la balle,

les osselets. Deux vierges cherchent à s'arracher une baguette de saule. Les boutons de leurs seins viennent se toucher ; leurs mains voltigent sur la baguette, qu'elles élèvent au-dessus de leurs têtes. Leurs beaux pieds nus s'entrelacent, leurs bouches se rencontrent, leurs douces haleines se confondent ; elles se penchent et mêlent leurs chevelures ; elles regardent leurs mères, rougissent : on applaudit (1). Le jongleur invoque Michabou, génie des eaux. Il raconte les guerres du grand Lièvre contre Machimanitou, dieu du mal. Il dit le premier homme et Athaënsic la première femme précipités du ciel pour avoir perdu l'innocence, la terre rougie du sang fraternel, Jouskeka l'impie immolant le juste Tahouistsaron, le déluge descendant à la voix du Grand-Esprit, Massou sauvé seul dans son canot d'écorce, et le corbeau envoyé à la découverte de la terre ; il dit encore la belle Endaé, retirée de la contrée des âmes par les douces chansons de son époux.

« Après ces jeux et ces cantiques, on se prépare à donner aux aïeux une éternelle sépulture.

« Sur les bords de la rivière Chata-Uche se voyait un figuier sauvage, que le culte des peuples avait consacré. Les vierges avaient accoutumé de laver leurs robes d'écorce dans ce lieu, et de les exposer au souffle du désert, sur les rameaux de l'arbre antique. C'était là qu'on avait creusé un immense tombeau. On part de la salle funèbre en chantant l'hymne à la mort ; chaque famille porte quelques débris sacrés. On arrive à la tombe ; on y descend les reliques ; on les étend par couches ; on les sépare avec des peaux d'ours et de castor ; le mont du tombeau s'élève, et l'on y plante l'*Arbre des pleurs et du sommeil.*

« Plaignons les hommes, mon cher fils ! Ces mê—

(1) La rougeur est sensible chez les jeunes sauvages.

mes Indiens dont les coutumes sont si touchantes, ces mêmes femmes qui m'avaient témoigné un intérêt si tendre, demandaient maintenant mon supplice à grands cris, et des nations entières retardaient leur départ, pour avoir le plaisir de voir un jeune homme souffrir des tourments épouvantables.

« Dans une vallée au nord, à quelque distance du grand village, s'élevait un bois de cyprès et de sapins, appelé le *bois du sang*. On arrivait par les ruines d'un de ces monuments dont on ignore l'origine, et qui sont l'ouvrage d'un peuple maintenant inconnu. Au centre de ce bois s'étendait une arène où l'on sacrifiait les prisonniers de guerre. On m'y conduit en triomphe. Tout se prépare pour ma mort : on plante le poteau d'Areskoui ; les pins, les ormes, les cyprès, tombent sous la cognée ; le bûcher s'élève ; les spectateurs bâtissent des amphithéâtres avec des branches et des troncs d'arbres. Chacun invente un supplice : l'un se propose de m'arracher la peau du crâne, l'autre de me brûler les yeux avec des haches ardentes. Je commence ma chanson de mort :

« Je ne crains point les tourments : je suis brave,
« ô Muscogulges ! je vous défie ; je vous méprise
« plus que des femmes. Mon père Outalissi, fils de
« Miscou, a bu dans le crâne de vos plus fameux
« guerriers ; vous n'arracherez pas un soupir de
« mon cœur. »

« Provoqué par ma chanson, un guerrier me perça le bras d'une flèche ; je dis : « Frère, je te « remercie. »

« Malgré l'activité des bourreaux, les préparatifs du supplice ne purent être achevés avant le coucher du soleil. On consulta le jongleur, qui défendit de troubler les génies des ombres, et ma mort fut ene suspendue jusqu'au lendemain. Mais, dans l'impatience de jouir du spectacle, et pour être plutôt prêts au lever de l'aurore, les Indiens ne quittèrent point le *bois du sang*, ils allumèrent de grands feux, et commencèrent des festins et des danses.

« Cependant on m'avait étendu sur le dos. Des cordes partant de mon cou, de mes pieds, de mes bras, allaient s'attacher à des piquets enfoncés en terre. Des guerriers étaient couchés sur ces cordes, et je ne pouvais faire un mouvement sans qu'ils n'en fussent avertis. La nuit s'avance : les chants et les danses cessent par degré ; les feux ne jettent plus que des lueurs rougeâtres, devant lesquelles on voit encore passer les ombres de quelques Sauvages ; tout s'endort : à mesure que le bruit des hommes s'affaiblit, celui du désert augmente, et au tumulte des voix succèdent les plaintes du vent dans la forêt.

« C'était l'heure où une jeune Indienne qui vient d'être mère se réveille en sursaut au milieu de la nuit, car elle a cru entendre les cris de son premier-né, qui lui demande la douce nourriture. Les yeux attachés au ciel, où le croissant de la lune errait dans les nuages, je réfléchissais sur ma destinée. Atala me semblait un monstre d'ingratitude. M'abandonner au moment du supplice, moi qui m'étais dévoué aux flammes plutôt que de la quitter ! et pourtant je sentais que je l'aimais toujours, et que je mourrais avec joie pour elle.

« Il est dans les extrêmes plaisirs un aiguillon qui nous éveille, comme pour nous avertir de profiter de ce moment rapide ; dans les grandes douleurs, au contraire, je ne sais quoi de pesant nous endort : des yeux fatigués par les larmes cherchent naturellement à se fermer, et la bonté de la Providence se fait ainsi remarquer jusque dans nos infortunes. Je cédai malgré moi à ce lourd sommeil que goûtent quelquefois les misérables. Je rêvais qu'on m'ôtait mes chaînes ; je croyais sentir ce soulagement qu'on éprouve lorsque, après avoir été fortement pressé, une main secourable relâche nos fers.

Cette sensation devint si vive, qu'elle me fit soulever les paupières. A la clarté de la lune, dont un rayon s'échappait entre deux nuages, j'entrevois une grande figure blanche penchée sur moi, et occupée à dénouer silencieusement mes liens. J'allais pousser un cri, lorsqu'une main, que je reconnus à l'instant, me ferma la bouche. Une seule corde restait ; mais il paraissait impossible de la couper sans toucher un guerrier qui la couvrait tout entière de son corps. Atala y porte la main, le guerrier s'éveille à demi, et se dresse sur son séant. Atala reste immobile, et le regarde. L'Indien croit voir l'esprit des ruines, il se recouche en fermant les yeux et en invoquant son manitou. Le lien est brisé. Je me lève ; je suis ma libératrice, qui me tend le bout d'un arc dont elle tient l'autre extrémité. Mais que de dangers nous environnent ! Tantôt nous sommes près de heurter des Sauvages endormis : tantôt une garde nous interroge, et Atala répond en changeant sa voix. Des enfants poussent des cris, des dogues aboient. A peine sommes-nous sortis de l'enceinte funeste, que des hurlements ébranlent la forêt. Le camp se réveille, mille feux s'allument, on voit courir de tous côtés des Sauvages avec des flambeaux : nous précipitons notre course.

« Quand l'aurore se leva sur les Apalaches nous étions déjà loin. Quelle fut ma félicité lorsque je me trouvai encore une fois dans la solitude avec Atala,

avec Atala ma libératrice, avec Atala qui se donnait
à moi pour toujours ! Les paroles manquèrent à ma
langue ; je tombai à genoux, et je dis à la fille de
Simaghan : « Les hommes sont bien peu de chose,
« mais quand les génies les visitent, alors ils ne
« sont rien du tout. Vous êtes un génie, vous m'a—
« vez visité, et je ne puis parler devant vous. » Atala
me tendit la main avec un sourire : « Il faut bien,
« dit-elle, que je vous suive, puisque vous ne voulez
« pas fuir sans moi. Cette nuit, j'ai séduit le jongleur
« par des présents, j'ai enivré vos bourreaux avec de
« l'essence de feu, et j'ai dû hasarder ma vie pour
« vous, puisque vous aviez donné la vôtre pour moi.
« Oui, jeune idolâtre, ajouta-t-elle avec un accent
« qui m'effraya, le sacrifice sera réciproque. »

« Atala me remit les armes qu'elle avait eu soin
d'apporter ; ensuite elle pansa ma blessure. En l'essuyant avec une feuille de papaya, elle la mouillait
de ses larmes. « C'est un baume, lui dis-je, que tu
répands sur ma plaie. — Je crains plutôt que ce ne
soit un poison, » répondit-elle. Elle déchira un des
voiles de son sein, dont elle fit une première com-
presse, qu'elle attacha avec une boucle de ses cheveux.

« L'ivresse, qui dure longtemps chez les Sauvages, et qui est pour eux une espèce de maladie, les
empêcha sans doute de nous poursuivre durant les
premières journées. S'ils nous cherchèrent ensuite,
il est probable que ce fut du côté du couchant, per-
suadés que nous aurions essayés de nous rendre au
Meschacébé ; mais nous avions pris notre route vers
l'étoile immobile (1), en nous dirigeant sur la mousse
du tronc des arbres.

« Nous ne tardâmes pas à nous apercevoir que

(1) Le nord.

nous avions peu gagné à ma délivrance. Le désert
déroulait maintenant devant nous ses solitudes dé-
mesurées. Sans expérience de la vie des forêts, dé-
tournés de notre vrai chemin, et marchant à l'aventure, qu'allions-nous devenir ? Souvent, en regardant
Atala, je me rappelais cette antique histoire d'Agar,
que Lopez m'avait fait lire, et qui est arrivée dans le
désert de Bersabée, il y a bien longtemps, alors que
les hommes vivaient trois âges de chêne. Atala me
fit un manteau avec la seconde écorce du frêne, car
j'étais presque nu. Elle me broda des mocassines (2)
de peau de rat musqué, avec du poil de porc-épic.
Je prenais soin à mon tour de sa parure. Tantôt je
lui mettais sur la tête une couronne de ces mauves
bleues, que nous trouvions sur notre route, dans
des cimetières indiens abandonnés ; tantôt je lui faisais des colliers avec des graines rouges d'azalea ; et
puis je me prenais à sourire en contemplant sa merveilleuse beauté.

« Quand nous rencontrions un fleuve, nous le
passions sur un radeau ou à la nage. Atala appuyait
une de ses mains sur mon épaule ; et, comme deux
cygnes voyageurs, nous traversions ces ondes solitaires.

« Souvent, dans les grandes chaleurs du jour,
nous cherchions un abri sous les mousses des cè-
dres. Presque tous les arbres de la Floride, en par-
ticulier le cèdre et le chêne vert, sont couverts d'une
mousse blanche qui descend de leurs rameaux jusqu'à terre. Quand, la nuit, au clair de la lune, vous
apercevez sur la nudité d'une savane, une yeuse iso-
lée revêtue de cette draperie, vous croiriez voir un
fantôme traînant après lui ses longs voiles. La scène
n'est pas moins pittoresque au grand jour ; car une

(2) Chaussure indienne.

foule de papillons, de mouches brillantes, de colibris, de perruches vertes, de geais d'azur, vient s'accrocher a ces mousses, qui produisent alors l'effet d'nne tapisserie en laine blanche, où l'ouvrier européen aurait brodé des insectes et des oiseaux éclatants.

« C'était dans ces riantes hôtelleries, préparées par le Grand-Esprit, qne nous nous reposions à l'ombre. Lorsque les vents descendaient du ciel pour balancer ce grand cèdre, que le château aérien bâti sur ses branches allait flottant avec les oiseaux et les voyageurs endormis sous ses abris, que mille soupirs sortaient des corridors et des voûtes du mobile édifice, jamais les merveilles de l'ancien monde n'ont approché de ce monument du désert.

« Chaque soir nous allumions un grand feu, et nous bâtissions la hutte du voyage, avec une écorce élevée sur quatre piquets. Si j'avais tué une dinde sauvage, un ramier, un faisan des bois, nous le suspendions, devant le chêne embrasé, au bout d'une gaule plantée en terre, et nous abandonnions au vent le soin de tourner la proie du chasseur. Nous mangions des mousses appelées *tripes de roches*, des écorces sucrées de bouleau, et des pommes de mai, qui ont le goût de la pêche et de la framboise. Le noyer noir, l'érable, le sumac, fournissaient le vin à notre table. Quelquefois j'allais chercher parmi les roseaux une plante, dont la fleur allongée en cornet contenait un verre de la plus pure rosée. Nous bénissions la providence qui, sur la faible tige d'une fleur, avait placé cette source limpide au milieu des marais corrompus, comme elle a mis l'espérance au fond des cœurs ulcérés par le chagrin, comme elle a fait jaillir la vertu du sein des misères de la vie !

« Hélas! je découvris bientôt que je m'étais trompé

5

sur le calme apparent d'Atala. A mesure que **nous**
avancions, elle devenait triste. Souvent elle tressail-
lait sans cause, et tournait précipitamment la tête. Je
la surprenais attachant sur moi un regard passionné,
qu'elle reportait vers le ciel avec une profonde mélancolie. Ce qui m'effrayait surtout était un secret,
une pensée cachée au fond de son âme, que j'entrevoyais dans ses yeux. Toujours m'attirant et me re-
poussant, ranimant et détruisant mes espérances,
quand je croyais avoir fait un peu de chemin dans
son cœur, je me retrouvais au même point. Que de
fois elle m'a dit : « O mon jeune amant ! je t'aime
« comme l'ombre des bois au milieu du jour ! Tu es
« beau comme le désert avec toutes ses fleurs et
« toutes ses brises. Si je me penche sur toi, je frémis ;
« si ma main tombe sur la tienne, il me semble que
« je vais mourir. L'autre jour le vent jeta tes che-
« veux sur mon visage, tandis que tu te délassais
« sur mon sein ; je crus sentir le léger toucher des es-
« prits invisibles. Oui, j'ai vu les chevrettes de la
« montagne d'Occone ; j'ai entendu les propos des
« hommes rassasiés de jours : mais la douceur des
« chevreaux et la sagesse des vieillards sont moins
« plaisantes et moins fortes que tes paroles. Hé
« bien ! pauvre Chactas, je ne serai jamais ton
« épouse ! »

« Les perpétuelles contradictions de l'amour et de
la religion d'Atala, l'abandon de sa tendresse et de
la chasteté de ses mœurs, la fierté de son caractère
et sa profonde sensibilité, l'élévation de son âme
dans les grandes choses, sa susceptibilité dans les
petites, tout en faisait pour moi un être incompré-
hensible. Atala ne pouvait pas prendre sur un homme
un faible empire : pleine de passion, elle était pleine
de puissance ; il fallait ou l'adorer ou la haïr.

« Apres quinze nuit d'une marche précipitée, nous entrâmes dans la chaîne des monts Alléghanys, et nous atteignîmes une des branches du Tenase, fleuve qui se jette dans l'Ohio. Aidé des conseils d'Atala, je bâtis un canot que j'enduisis de gomme de prunier, après en avoir recousu les écorces avec des racines de sapin. Ensuite je m'embarquai avec Atala, et nous nous abandonnâmes au cours du fleuve.

« Le village indien de Sticoë, avec ses tombes pyramidales et ses huttes en ruine, se montrait à notre gauche, au détour d'un promontoire; nous laissions à droite la vallée de Keow, terminée par la perspective des cabanes de Jore, suspendues au front de la montagne du même nom. Le fleuve, qui nous entraînait, coulait entre de hautes falaises, au bout desquelles on apercevait le soleil couchant. Ces profondes solitudes n'étaient point troublées par la présence de l'homme. Nous ne vîmes qu'un chasseur indien qui, appuyé sur son arc et immobile sur la pointe d'un rocher, ressemblait à une statue élevée dans la montagne au génie de ces déserts.

« Atala et moi nous joignions notre silence au silence de cette scène. Tout à coup la fille de l'exil fit éclater dans les airs une voix pleine d'émotion et de mélancolie; elle chantait la patrie absente :

« Heureux ceux qui n'ont point vu la fumée des fêtes de l'étranger, et qui ne se sont assis qu'aux festins de leurs pères !

« Si le geai bleu du Meschacébé disait à la non-
« pareille des Florides : Pourquoi vous plaignez-
« vous si tristement? N'avez-vous pas ici de belles
« eaux et de beaux ombrages, et toutes sortes de
« pâtures comme dans vos forêts? — Oui, répon-
« drait la nonpareille fugitive; mais mon nid est

« dans le jasmin, qui me l'apportera? Et le soleil
« de ma savane, l'avez-vous?

« Heureux ceux qui n'ont point vu la fumée des
« fêtes de l'étranger, et qui ne se sont assis qu'aux
« festins de leurs pères!

« Après les heures d'une marche pénible, le voya-
« geur s'assied tranquillement. Il contemple autour
« de lui les toits des hommes ; le voyageur n'a pas
« un lieu où reposer sa tête. Le voyageur frappe à
« la cabane, il met son arc derrière la porte, il de-
« mande l'hospitalité ; le maître fait un geste de la
« main ; le voyageur reprend son arc et retourne
« au désert !

« Heureux ceux qui n'ont point vu la fumée des
« fêtes de l'étranger, et qui ne se sont assis qu'aux
« festins de leurs pères !

« Merveilleuses histoires racontées autour du
« foyer, tendres épanchements du cœur, longues
« habitudes d'aimer si nécessaires à la vie, vous avez
« rempli les journées de ceux qui n'ont point quitté
« leur pays natal ! Leurs tombeaux sont dans leur
« patrie, avec le soleil couchant, les pleurs de leurs
« amis et les charmes de la religion.

« Heureux ceux qui n'ont point vu la fumée des
« fêtes de l'étranger, et qui ne se sont assis qu'aux
« festins de leurs pères ! »

« Ainsi chantait Atala. Rien n'interrompait ses
plaintes, hors le bruit insensible de notre canot sur
les ondes. En deux ou trois endroits seulement elles
furent recueillies par un faible écho, qui les redit
à un second plus faible, et celui-ci à un troisième
plus faible encore : on eût cru que les âmes de deux
amants, jadis infortunés comme nous, attirées par
cette mélodie touchante, ss plaisaient à en soupirer
les derniers sons dans la montagne.

« Cependant la solitude, la présence continuelle de l'objet aimé, nos malheurs même, redoublaient à chaque instant notre amour. Les forces d'Atala commençaient à l'abandonner et les passions, en abattant son corps, allaient triompher de sa vertu. Elle priait continuellement sa mère, dont elle avait l'air de vouloir apaiser l'ombre irritée. Quelquefois elle me demandait si je n'entendais pas une voix plaintive, si je ne voyais pas des flammes sortir de la terre. Pour moi, épuisé de fatigue, mais toujours brûlant de désir, songeant que j'étais peut-être perdu sans retour au milieu de ces forêts, cent fois je fus prêt à saisir mon épouse dans mes bras, cent fois je lui proposai de bâtir une hutte sur ces rivages, et de nous y ensevelir ensemble. Mais elle me résista toujours. « Songez, me disait-elle, mon jeune
« ami, qu'un guerrier se doit à sa patrie. Qu'est-ce
« qu'une femme auprès des devoirs que tu as à
« remplir? Prends courage, fils d'Outalissi; ne
« murmure point contre ta destinée. Le cœur de
« l'homme est comme l'éponge du fleuve, qui tantôt
« boit une onde pure dans les temps de sérénité,
« tantôt s'enfle d'une eau bourbeuse quand le ciel a
« troublé les eaux. L'éponge a-t-elle le droit de
« dire : Je croyais qu'il n'y aurait jamais d'orages,
« que le soleil ne serait jamais brûlant?»

« O René, si tu crains les troubles du cœur, défie-toi de la solitude : les grandes passions sont solitaires, et les transporter au désert, c'est les rendre à leur empire. Accablés de soucis et de craintes, exposés à tomber entre les mains des Indiens ennemis, à être engloutis dans les eaux, piqués des serpents, dévorés des bêtes, trouvant difficilement une chétive nourriture, et ne sachant plus de quel côté tourner nos pas, nos maux semblaient ne pouvoir plus s'accroître, lorsqu'un accident y vint mettre le comble.

« C'était le vingt-septième soleil depuis notre départ des cabanes : la *lune de feu* (1) avait commencé son cours, et tout annonçait un orage. Vers l'heure où les matrones indiennes suspendent la crosse du labour aux branches du savinier, et où les perruches se retirent dans le creux des cyprès, le ciel commença à se couvrir. Les voix de la solitude s'éteignirent, le désert fit silence, et les forêts demeurèrent dans un calme universel. Bientôt les roulements d'un tonnerre lointain, se prolongeant dans ces bois aussi vieux que le monde, en firent sortir des bruits sublimes. Craignant d'être submergés, nous nous hâtâmes de gagner le bord du fleuve, et de nous retirer dans une forêt.

« Ce lieu était un terrain marécageux. Nous avancions avec peine sous une voûte de smilax, parmi des ceps de vigne, des indigos, des faséoles, des lianes rampantes, qui entravaient nos pieds comme des filets. Le sol spongieux tremblait autour de nous, et à chaque instant nous étions près d'être engloutis dans des fondrières. Des insectes sans nombre, d'énormes chauves-souris nous aveuglaient; les serpents à sonnettes brussiaient de toutes parts ; et les loups, les ours, les carcajous, les petits tigres qui venaient se cacher dans ces retraites, les remplissaient de leurs rugissements.

« Cependant l'obscurité redouble : les nuages abaissés entrent sous l'ombrage des bois. La nue se déchire, et l'éclair trace un rapide losange de feu. Un vent impétueux, sorti du couchant, roule les nuages sur les nuages ; les forêts plient, le ciel s'ouvre coup sur coup, et, à travers ces crevasses, on

(1) Mois de juillet.

aperçoit de nouveaux cieux et des campagnes ardentes. Quel affreux , quel magnifique spectacle!
La foudre met le feu dans les bois ; l'incendie s'é-
tend comme une chevelure de flammes ; des colonnes
d'étincelles de fumée assiégent les nues, qui vomis-
sent leurs foudres dans le vaste embrasement. Alors
le Grand-Esprit couvre les montagnes d'épaisses
ténèbres ; du milieu de ce vaste chaos s'élève un mugissement confus formé par le fracas des vents , le
gémissement des arbres, le hurlement des bêtes féroce , le bourdonnement de l'incendie et la chute répétée
du tonnerre qui siffle en s'éteignant dans les eaux.

« Le Grand-Esprit le sait ! Dans ce moment je ne
vis qu'Atala, je ne pensais qu'à elle. Sous le tronc
penché d'un bouleau, je parvins à la garantir des
torrents de la pluie. Assis moi-même sous l'arbre,
tenant ma bien-aimée sur mes genoux, et réchauf-
fant ses pieds nus entre mes mains, j'étais plus heureux que la nouvelle épouse qui sent pour la première fois son fruit tressaillir dans son sein.

« Nous prêtions l'oreille au bruit de la tempête;
tout à coup je sentis une larme d'Atala tomber sur
mon sein : « Orage du cœur, m'écriai-je, est-ce une
goutte de votre pluie? » Puis embrassant étroitement celle que j'aimais : « Atala, lui dis-je, vous me
« cachez quelque chose. Ouvre-moi ton cœur, ô
« ma beauté ! cela fait tant de bien quand un ami
« regarde dans notre âme ! Raconte-moi cet autre
« secret de la douleur, que tu t'obstines à taire. Ah!
« je le vois, tu pleures ta patrie.» Elle repartit aussitôt : «Enfant des hommes, comment pleurerais-je
« ma patrie, puisque mon père n'était pas du pays
« des palmiers? — Quoi! répliquai-je avec un pro-
« fond étonnement, votre père n'était pas du pays
« des palmiers? Quel est donc celui qui vous a mise

« sur cette terre? Répondez. » Atala dit ces paroles :
« Avant que ma mère eût apporté en mariage au
« guerrier Simaghan trente cavales, vingt buffles,
« cent mesures d'huile de glands, cinquante peaux
« de castor et beaucoup d'autres richesses, elle avait
« connu un homme de la chair blanche. Or, la mère
« de ma mère lui jeta de l'eau au visage, et la con-
« traignit d'épouser le magnanime Simaghan, tout
« semblable à un roi, honoré des peuples comme
« un génie. Mais ma mère dit à son nouvel époux :
« Mon ventre a conçu, tuez-moi. Simaghan lui ré-
« pondit : Le Grand-Esprit me garde d'une si mau-
« vaise action. Je ne vous mutilerai point, je ne
« vous couperai point le nez ni les oreilles parce que
« vous avez été sincère, et que vous n'avez point
« trompé ma couche. Le fruit de vos entrailles sera
« mon fruit et je ne vous visiterai qu'après le départ
« de l'oiseau de rizière, lorsque la treizième lune
« aura brillé. » En ce temps-là je brisai le sein de
« ma mère et je commençai à croître, fière comme
« une Espagnole et comme une Sauvage. Ma mère
« me fit chrétienne, afin que son Dieu et le Dieu de
« mon père fût aussi mon Dieu. Ensuite le chagrin
« d'amour vint la chercher, et elle descendit dans
« la petite cave garnie de peaux, d'où l'on ne sort
« jamais. »

« Telle fut l'histoire d'Atala. « Et quel était donc
« ton père, pauvre orpheline? lui dis-je ; comment
« les hommes l'appelaient-ils sur la terre, et quel
« nom portait-il parmi les génies?—Je n'ai jamais
« lavé les pieds de mon père, dit Atala; je sais seu-
« lement qu'il vivait avec sa sœur à Saint-Augustin,
« et qu'il a toujours été fidèle à ma mère : *Phi-*
« *lippe* était son nom parmi les anges, et les hom-
« mes le nommaient *Lopez.* »

« A ces mots je poussai un cri qui retentit dans
toute la solitude; le bruit de mes transports se mêla
au bruit de l'orage. Serrant Atala sur mon cœur, je
m'écriai avec des sanglots , « O ma sœur ! ô fille de
« Lopez ! fille de mon bienfaiteur ! » Atala, effrayée,
me demanda d'où venait mon trouble; mais quand
elle sut que Lopez était cet hôte généreux qui m'a-
vait adopté à Saint-Augustin, et que j'avais quitté
pour être libre, elle fut saisie elle-même de confu-
sion et de joie.

« C'en était trop pour nos cœurs que cette amitié
fraternelle qui venait nous visiter , et joindre son
amour à notre amour. Désormais les combats d'A-
tala allaient devenir inutiles : en vain je la sentis porter une main à son sein et faire un mouvement extraordinaire; déjà je l'avais saisie, déjà je m'étais
enivré de son souffle; déjà j'avais bu toute la magie
de l'amour sur ses lèvres. Les yeux levés vers le
ciel, à la lueur des éclairs, je tenais mon épouse
dans mes bras en présence de l'Eternel. Pompe
nuptiale, digne de nos malheurs et de la grandeur
de nos amours, superbes forêts qui agitiez vos lianes
et vos dômes comme les rideaux et le ciel de notre
couche, pins embrasés qui formiez les flambeaux de
notre hymen, fleuve débordé, montagnes mugissan-
tes, affreuse et sublime nature, n'étiez-vous donc
qu'un appareil préparé pour nous tromper, et ne
pûtes-vous cacher un moment dans vos mystérieuses horreurs la félicité d'un homme !

« Atala n'offrait plus qu'une faible résistance; je
touchais au moment du bonheur, quand tout à coup
un impétueux éclair, suivi d'un éclat de la foudre,
sillonne l'épaisseur des ombres, remplit la forêt de
soufre et de lumière, et brise un arbre à nos pieds.
Nous fuyons ! O surprise !... dans le silence qui

succède, nous entendons le son d'une cloche ! Tous
deux interdits, nous prêtons l'oreille à ce bruit, si
étrange dans un désert. A l'instant un chien aboie
dans le lointain ; il approche, il redouble ses cris, il
arrive, il hurle de joie à nos pieds ; un vieux solitaire portant une petite lanterne le suit à travers les
ténèbres de la forêt. « La Providence soit bénie ! »
s'écria-t-il aussitôt qu'il nous aperçut. « Il y a bien
« longtemps que je vous cherche ! Notre chien vous
« a senti dès le commencement de l'orage, et il m'a
« conduit ici. Bon Dieu ! comme ils sont jeunes !
« Pauvres enfants ! comme ils ont dû souffrir ! Al-
« lons, j'ai apporté une peau d'ours, ce sera pour
« cette jeune femme ; voici un peu de vin dans no-
« tre calebasse. Que Dieu soit loué dans toutes ses
« œuvres ! sa miséricorde est bien grande et sa
« bonté est infinie. »

« Atala était aux pieds du religieux : « Chef de la
« prière, lui disait-elle, je suis chrétienne, c'est le
« ciel qui t'envoie pour me sauver. — Ma fille, dit
« l'ermite en la relevant, nous sonnons ordinaire-
« ment la cloche de la mission pendant la nuit et
« pendant les tempêtes pour appeler les étrangers ;
« et, à l'exemple de nos frères des Alpes et du Li-
« ban, nous avons appris à notre chien à découvrir
« les voyageurs égarés. » Pour moi, je comprenais
à peine l'ermite : cette charité me semblait si fort
au-dessus de l'homme que je croyais faire un songe.
A la lueur de la petite lanterne que tenait le religieux, j'entrevoyais sa barbe et ses cheveux tout
trempés d'eau : ses pieds, ses mains et son visage
étaient ensanglantés par les ronces. « Vieillard, m'é-
« criai-je enfin, quel cœur as-tu donc, toi qui n'as
« pas craint d'être frappé par la foudre ? — Crain-
« dre, repartit le Père avec une sorte de chaleur :

« craindre lorsqu'il y a des hommes en péril, et que
« je leur puis être utile! je serais donc bien indigne
« serviteur de Jésus-Christ! — Mais sais-tu, lui
« dis-je, que je ne suis pas chrétien? — Jeune
« homme, répondit l'ermite, vous ai-je demandé
« votre religion? Jésus-Christ n'a pas dit : Mon sang
« lavera celui-ci, et non celui-là. Il est mort pour le
« Juif et le Gentil, et il n'a vu dans tous les hom-
« mes que des frères et des infortunés. Ce que je
« fais ici pour vous est fort peu de chose, et vous
« trouveriez ailleurs bien d'autres secours : mais la
« gloire n'en doit pas retomber sur les prêtres. Que
« sommes nous, faibles solitaires, sinon de grossiers
« instruments d'une œuvre céleste? Eh! quel serait
« le soldat assez lâche pour reculer lorsque son
« chef, la croix à la main, et le front couronné d'é-
« pines, marche devant lui au secours des hom-
« mes?

« Ces paroles saisirent mon cœur : des larmes
d'admiration et de tendresse tombèrent de mes yeux.
« Mes chers enfants, dit le missionnaire, je gou-
« verne dans ces forêts un petit troupeau de vos frè-
« res sauvages. Ma grotte est assez près d'ici dans
« la montagne ; venez vous réchauffer chez moi ;
« vous n'y trouverez pas les commodités de la vie,
« mais vous y aurez un abri ; et il faut encore en
« remercier la bonté divine, car il y a bien des
« hommes qui en manquent. »

LES LABOUREURS.

« Il y a des justes dont la conscience est si tranquille, qu'on ne peut approcher d'eux sans partici-
per à la paix qui s'exhale, pour ainsi dire, de leur
cœur et de leurs discours. A mesure que le solitaire

parlait, je sentais les passions s'apaiser dans mon sein, et l'orage même semblait s'éloigner à sa voix. Les nuages furent bientôt assez dispersés pour nous permettre de quitter notre retraite. Nous sortîmes de la forêt et nous commençâmes à gravir le revers d'une haute montagne. Le chien marchait devant nous en portant au bout d'un bâton la lanterne éteinte. Je tenais la main d'Atala, et nous suivions le missionnaire. Il se détournait souvent pour nous regarder, contemplant avec pitié nos malheurs et notre jeunesse. Un livre était suspendu à son cou, il s'appuyait sur un bâton blanc. Sa taille était élevée, sa figure pâle et maigre, sa physionomie simple et sincère. Il n'avait pas les traits morts et effacés de l'homme né sans passions ; on voyait que ses jours avaient été mauvais, et les rides de son front montraient les belles cicatrices des passions guéries par la vertu et par l'amour de Dieu et des hommes. Quand il nous parlait debout et immobile, sa longue barbe, ses yeux modestement baissés, le son affectueux de sa voix, tout en lui avait quelque chose de calme et de sublime. Quiconque a vu comme moi le père Aubry cheminant seul, avec un bâton et son bréviaire, dans le désert, a une véritable idée du voyageur chrétien sur la terre.

Après une demi-heure d'une marche dangereuse par les sentiers de la montagne, nous arrivâmes à la grotte du missionnaire. Nous y entrâmes à travers les lierres et les giraumonts humides, que la pluie avait abattu des rochers. Il n'y avait dans ce lieu qu'une natte de feuilles de papaya, une calebasse pour puiser de l'eau, quelques vases de bois, une bêche, un serpent familier, et, sur une pierre qui servait de table, un crucifix et le livre des chrétiens.

« L'homme des anciens jours se hâta d'allumer
du feu avec des lianes sèches ; il brisa du maïs entre deux pierres, et, en ayant fait un gâteau, il le
mit cuire sous la cendre. Quand ce gâteau eut pris
au feu une belle couleur dorée, il nous le servit tout
brûlant, avec de la crème de noix dans un vase d'é-
rable. Le soir ayant ramené la sérénité, le serviteur
du Grand-Esprit nous proposa d'aller nous asseoir à
l'entrée de sa grotte. Nous le suivîmes dans ce lieu,
qui commandait une vue immense. Les restes de l'o-
rage étaient jetés en désordre vers l'orient : les feux
de l'incendie allumé par la foudre brillaient encore
dans le lointain ; au pied de la montagne, un bois
de pins tout entier était renversé dans la vase, et le
fleuve roulait pêle-mêle les argiles détrempés, les
troncs des arbres, les corps des animaux et les poissons morts, dont on voyait le ventre argenté flotter à
la surface des eaux.

« Ce fut au milieu de cette scène qu'Atala raconta
notre histoire au vieux génie de la montagne. Son
cœur parut touché, et des larmes tombèrent sur sa
barbe : « Mon enfant, dit-il à Atala, il faut offrir vos
« souffrances à Dieu, pour la gloire de qui vous
« avez déjà fait tant de choses ; il vous rendra le
« repos. Voyez fumer ces forêts, sécher ces torrents.
« se dissiper ces nuages ; croyez-vous que celui qui
« peut calmer une pareille tempête ne pourra pas
« apaiser les troubles du cœur de l'homme ? Si vous
« n'avez pas de meilleure retraite, ma chère fille, je
« vous offre une place au milieu du troupeau que
« j'ai eu le bonheur d'appeler à Jésus-Christ. J'in-
« struirai Chactas, et je vous le donnerai pour époux
« quand il sera digne de l'être. »

« A ces mots, je tombai aux genoux du solitaire,
en versant des pleurs de joie ; mais Atala devint pâle

comme la mort. Le vieillard me releva avec bénignité,
et je m'aperçus alors qu'il avait les deux mains mutilées. Atala comprit sur-le-champ ses malheurs.
« Les barbares ! » s'écria-t-elle.

« Ma fille, reprit le Père avec un doux sourire,
« qu'est-ce que cela auprès de ce qu'a enduré mon
« divin Maître? Si les Indiens idolâtres m'ont affligé,
« ce sont de pauvres aveugles que Dieu éclairera un
« jour. Je les chéris même davantage en proportion
« des maux qu'ils m'ont faits. Je n'ai pu rester dans
« ma patrie, où j'étais retourné, et où une illustre
« reine m'a fait l'honneur de vouloir contempler ces
« faibles marques de mon apostolat. Et quelle récom-
« pense plus glorieuse, pouvais-je recevoir de mes
« travaux, que d'avoir obtenu du chef de notre re-
« ligion la permission de célébrer le divin sacrifice
« avec ces mains mutilées? Il ne me restait plus,
« après un tel honneur, qu'à tâcher de m'en rendre
« digne : je suis revenu au Nouveau-Monde consu-
« mer le reste de ma vie au service de mon Dieu. Il
« y a bientôt trente ans que j'habite cette solitude,
« et il y en aura demain vingt-deux que j'ai pris
« possession de ce rocher. Quand j'arrivai dans ces
« lieux, je n'y trouvai que des familles vagabondes,
« dont les mœurs étaient féroces et la vie fort misé-
« rable. Je leur ai fait entendre la parole de paix, et
« leurs mœurs se sont graduellement adoucies. Ils
« vivent maintenant rassemblés au bas de cette mon-
« tagne. J'ai tâché, en leur enseignant les voies du
« salut, de leur apprendre les premiers arts de la vie,
« mais sans les porter trop loin, et en retenant ces
« honnêtes gens dans cette simplicité qui fait le bon-
« heur. Pour moi, craignant de les gêner par ma
« présence, je me suis retiré sous cette grotte, où
« ils viennent me consulter. C'est ici que, loin des

« hommes, j'admire Dieu dans la grandeur de ces
« solitudes, et que je me prépare à la mort, que
« m'annoncent mes vieux jours. »

« En achevant ces mots, le solitaire se mit à genoux, et nous imitâmes son exemple. Il commença à
haute voix une prière, à laquelle Atala répondait. De
muets éclairs ouvraient encore les cieux dans l'o-
rient, et sur les nuages du couchant trois soleils brillaient ensemble. Quelques renards dispersés par l'o-
rage allongeaient leurs museaux noirs au bord des
précipices, et l'on entendait le frémissement des
plantes qui, séchant à la brise du soir, relevaient
de toutes parts leurs tiges abattues.

« Nous rentrâmes dans la grotte, où l'ermite
étendit un lit de mousse de cyprès pour Atala. Une
profonde langueur se peignait dans les yeux et dans
les mouvements de cette vierge ; elle regardait le
père Aubry, comme si elle eût voulu lui communi-
quer un secret : mais quelque chose semblait la re-
tenir, soit ma présence, soit une certaine honte, soit
l'inutilité de l'aveu. Je l'entendis se lever au milieu
de la nuit : elle cherchait le solitaire ; mais, comme il
lui avait donné sa couche, il était allé contempler la
beauté du ciel, et prier Dieu sur le sommet de la
montagne. Il me dit le lendemain que c'était assez sa
coutume, même pendant l'hiver, aimant à voir les
forêts balancer leur cimes dépouillées, les nuages
voler dans les cieux, et à entendre les vents et les
torrents gronder dans la solitude. Ma sœur fut donc
obligée de retourner à sa couche où elle s'assoupit.
Hélas ! comblé d'espérance, je ne vis dans la faiblesse d'Atala que des marques passagères de lassi-
tude.

« Le lendemain, je m'éveillai au chant des cardinaux et des oiseaux moqueurs, nichés dans les aca-

cias et les lauriers qui environnaient la grotte. J'allai
cueillir une rose de magnolia et je la déposai, hu-
mectée des larmes du matin, sur la tête d'Atala endormie. J'espérais, selon la religion de mon pays,
que l'âme de quelque enfant mort à la mamelle serait descendue sur cette fleur dans une goutte de rosée, et qu'un heureux songe la porterait au sein de
ma future épouse. Je cherchai ensuite mon hôte ; je
le trouvai la robe relevée dans ses deux poches, un
chapelet à la main, et m'attendant assis sur le tronc
d'un pin tombé de vieillesse. Il me proposa d'aller
avec lui à la Mission, tandis qu'Atala reposait encore ; j'acceptai son offre, et nous nous mîmes en
route à l'instant.

« En descendant la montagne, j'aperçus des chênes où les génies semblaient avoir dessiné des carac-
tères étrangers. L'ermite me dit qu'il les avait tracés
lui-même ; que c'était des vers d'un ancien poëte appelé *Homère*, et quelques sentences d'un autre poëte
plus ancien encore, nommé *Salomon*. Il y avait je
ne sais quelle mystérieuse harmonie entre cette sagesse des temps, ces vers rongés de mousse, ce vieux
solitaire qui les avait gravés, et ces vieux chênes qui
lui servaient de livres.

« Son nom, son âge, la date de sa mission, étaient
aussi marqués sur un roseau de savane, au pied
de ces arbres. Je m'étonnai de la fragilité du dernier
monument : «Il durera encore plus que moi, me ré-
« pondit le Père, et aura toujours plus de valeur que
« le peu de bien que j'ai fait. »

« De là nous arrivâmes à l'entrée d'une vallée,
où je vis un ouvrage merveilleux : c'était un pont
naturel, semblable à celui de la Virginie, dont tu as
peut-être entendu parler. Les hommes, mon fils,
surtout ceux de ton pays, imitent souvent la nature,

et leurs copies sont toujours petites ; il n'en est pas ainsi de la nature quand elle a l'air d'imiter les travaux des hommes en leur offrant en effet des modèles. C'est alors qu'elle jette des ponts du sommet d'une montagne au sommet d'une autre montagne, suspend des chemins dans les nues, répand des fleuves pour canaux, sculpte des monts pour colonnes, et pour bassins creuse des mers.

ε. Nous passâmes sous l'arche unique de ce pont, et nous nous trouvâmes devant une autre merveille: c'était le cimetière des Indiens de la Mission, ou *les Bocages de la mort*. Le père Aubry avait permis à ses néophytes d'ensevelir leurs morts à leur manière, et de conserver au lieu de leur sépulture son nom sauvage ; il avait seulement sanctifié ce lieu par une croix (1). Le sol en était divisé, comme le champ commun des moissons, en autant de lots qu'il y avait de familles. Chaque lot faisait à lui seul un bois qui variait selon le goût de ceux qui l'avaient planté. Un ruisseau serpentait sans bruit au milieu de ces bocages ; on l'appelait *le Ruisseau de la paix*. Ce riant asile des âmes était fermé à l'orient par le pont sous lequel nous avions passé ; deux colines le bornaient au septentrion et au midi ; il ne s'ouvrait qu'à l'occident, où s'élevait un grand bois de sapins. Les troncs de ces arbres, rouges marbrés de vert, montant sans branches jusqu'à leurs cimes, ressemblaient à de hautes colonnes et formaient le péristyle de ce temple de la mort ; il y régnait un bruit religieux, semblable au sourd muissement de l'orgue sous les voûtes d'une église : mais lorsqu'on pénétrait au fond du sanctuaire, on n'entendait plus que

(1) Le père Aubry avait fait comme les Jésuites à la Chine, qui permettaient aux Chinois d'enterrer leurs parents dans leurs jardins, selon leur ancienne coutume.

les hymnes des oiseaux qui célébraient à la mémoire des morts une fête éternelle.

« En sortant de ce bois nous découvrîmes le village de la Mission, situé au bord d'un lac, au milieu d'une savane semée de fleurs. On y arrivait par une avenue de magnolias et de chênes verts, qui bordaient une de ces anciennes routes que l'on trouve vers les montagnes qui divisent le Kentuchy des Florides. Aussitôt que les Indiens aperçurent leur pasteur dans la plaine, ils abandonnèrent leurs travaux et accoururent au-devant de lui. Les uns baisaient sa robe, les autres aidaient ses pas ; les mères élevaient dans leurs bras leurs petits enfants pour leur faire voir l'homme de Jésus-Christ qui répandait des larmes. Il s'informait en marchant de ce qui se passait au village ; il donnait un conseil à celui-ci, réprimandait doucement celui-là ; il parlait des moissons à recueillir, des enfants à instruire, des peines à consoler, et il mêlait Dieu à tous ses discours.

« Ainsi escortés, nous arrivâmes au pied d'une grande croix qui se trouvait sur le chemin. C'était là que le serviteur de Dieu avait accoutumé de célébrer les mystères de sa religion : « Mes chers néo-
« phytes, dit-il en se tournant vers la foule, il vous
« est arrivé un frère et une sœur ; et, pour surcroît
« de bonheur, je vois que la divine Providence a épar-
« gné hier vos moissons : voilà deux grandes raisons
« de la remercier. Offrons donc le saint sacrifice, et
« que chacun y apporte un recueillement profond,
« une foi vive, une reconnaissance infinie et un cœur
« humilié. »

« Aussitôt le prêtre divin revêt une tunique blanche d'écorce de mûrier, les vases sacrés sont tirés d'un tabernacle au pied de la croix, l'autel se prépare sur un quartier de roche, l'eau se puise dans le torrent voisin, et une grappe de raisin sauvage fournit le vin du sacrifice. Nous nous mettons tous à genoux dans les hautes herbes ; le mystère commence.

« L'aurore paraissant derrière les montagnes enflammait l'orient. Tout était d'or ou de rose dans la solitude. L'astre annoncé par tant de splendeur sortit enfin d'un abîme de lumière, et son premier rayon rencontra l'hostie consacrée, que le prêtre en ce moment même élevait dans les airs. O charme de la religion ! O magnificence du culte chrétien ! Pour sacrificateur un vieil ermite, pour autel un rocher, pour église le désert, pour assistance d'innocents Sauvages ! Non, je ne doute point qu'au moment où nous nous prosternâmes, le grand mystère ne s'accomplit, et que Dieu ne descendit sur la terre, car je le sentis descendre dans mon cœur.

« Après le sacrifice, où il ne manqua pour moi que la fille de Lopez, nous nous rendîmes au village. Là régnait le mélange le plus touchant de la vie sociale et de la vie de la nature : au coin d'une cyprière de l'antique désert on découvrait une culture naissante ; les épis roulaient à flots d'or sur le tronc du chêne abattu, et la gerbe d'un été remplaçait l'arbre de trois siècles. Partout on voyait les forêts livrées aux flammes pousser de grosses fumées dans les airs, et la charrue se promener lentement entre les débris de leurs racines. Des arpenteurs avec de longues chaînes allaient mesurant le terrain ; des arbitres établissaient les premières propriétés ; l'oiseau cédait son nid ; le repaire de la bête féroce se changeait en une cabane, on entendait gronder des forges, et les coups de la cognée faisaient pour la dernière fois mugir des échos, expirant eux-mêmes avec les arbres qui leur servaient d'asile.

« J'errais avec ravissement au milieu de ces tableaux, rendus plus doux par l'image d'Atala et par les rêves de félicité dont je berçais mon cœur. J'admirais le triomphe du christianisme sur la vie sauvage; je voyais l'Indien se civilisant à la voix de la religion; j'assistais aux noces primitives de l'homme et de la terre : l'homme, par ce grand contrat, abandonnant à la terre l'héritage de ses sueurs, et la terre s'engageant en retour à porter fidèlement les moissons, les fils et les cendres de l'homme.

« Cependant on présenta un enfant au missionnaire, qui le baptisa parmi des jasmins en fleurs, au bord d'une source, tandis qu'un cercueil, au milieu des jeux et des travaux, se rendait aux bocages de la mort. Deux époux reçurent la bénédiction nuptiale sous un chêne, et nous allâmes ensuite les établir dans un coin du désert. Le pasteur marchait devant nous, bénissant çà et là, et le rocher, et l'arbre, et la fontaine, comme autrefois, selon le livre des chrétiens, Dieu bénit la terre inculte, en la donnant en héritage à Adam. Cette procession, qui, pêle-mêle avec ses troupeaux, suivait de rocher en rocher son chef vénérable, représentait à mon cœur attendri ces migrations des premières familles, alors que Sem, avec ses enfants, s'avançait à travers le monde inconnu, en suivant le soleil qui marchait devant lui.

« Je voulus savoir du saint ermite comment il gouvernait ses enfants; il me répondit avec une grande complaisance : « Je ne leur ai donné aucune « loi; je leur ai seulement enseigné à s'aimer, à « prier Dieu, et à espérer une meilleure vie : tou- « tes les lois du monde sont là dedans. Vous voyez « au milieu du village une cabane plus grande que « les autres : elle sert de chapelle dans la saison

« des pluies. On s'y assemble soir et matin pour
« louer le Seigneur ; et, quand je suis absent, c'est
« un vieillard qui fait la prière, car la vieillesse est,
« comme la maternité, une espèce de sacerdoce ;
« ensuite on va travailler dans les champs ; et, si les
« propriétés sont divisées, afin que chacun puisse
« apprendre l'économie sociale, les moissons sont
« déposées dans des greniers communs, pour main-
« tenir la charité fraternelle. Quatre vieillards dis-
« tribuent avec égalité le produit du labeur. Ajoutez
« à cela des cérémonies religieuses, beaucoup de can-
« tiques ; la croix où j'ai célébré les mystères, l'or-
« meau sous lequel je prêche dans les bons jours,
« nos tombeaux tout près de nos champs de blé, nos
« fleuves où je plonge les petits enfants et les saints
« Jeans de cette nouvelle Béthanie, vous aurez une
« idée complète de ce royaume de Jésus-Christ.

« Les paroles du solitaire me ravirent, et je sentis la supériorité de cette vie stable et occupée, sur la
vie errante et oisive du Sauvage.

« Ah ! René, je ne murmure point contre la Providence, mais j'avoue que je ne me rappelle jamais
cette société évangélique sans éprouver l'amertume
des regrets. Qu'une hutte, avec Atala sur ces bords,
eût rendu ma vie heureuse ! Là finissaient toutes
mes courses ; là, avec une épouse, inconnue des
hommes, cachant mon bonheur au fond des forêts,
j'aurais passé comme ces fleuves qui n'ont pas même
un nom dans le désert. Au lieu de cette paix que
j'osais alors me promettre, dans quel trouble n'ai-je
point coulé mes jours ! Jouet continuel de la fortune, brisé sur tous les rivages, longtemps exilé de
mon pays, et n'y trouvant, à mon retour, qu'une
cabane en ruine et des amis dans la tombe : telle
devait être la destinée de Chactas. »

LE DRAME.

« Si mon songe de bonheur fut vif, il fut aussi d'une courte durée, et le réveil m'attendait à la grotte du solitaire. Je fus surpris, en y arrivant au milieu du jour, de ne pas voir Atala accourir au-devant de nos pas. Je ne sais quelle soudaine horreur me saisit En approchant de la grotte, je n'osais appeler la fille de Lopez : mon imagination était également épouvantée, ou du bruit, ou du silence qui succéderait à mes cris. Encore plus effrayé de la nuit qui régnait à l'entrée du rocher, je dis au missionnaire : « O vous que le ciel accompagne et fortifie, péné-« trez dans ces ombres. »

« Qu'il est faible, celui que les passions dominent! Qu'il est fort, celui qui se repose en Dieu! Il y avait plus de courage dans ce cœur religieux, flétri par soixante-seize années, que dans toute l'ardeur de ma jeunesse. L'homme de paix entra dans la grotte, et je restai au dehors plein de terreur. Bientôt un faible murmure semblable à des plaintes, sortit du fond du rocher et vint frapper mon oreille. Poussant un cri, et retrouvant mes forces, je m'élançai dans la nuit de la caverne... Esprits de mes pères, vous savez seuls le spectacle qui frappa mes yeux !

« Le solitaire avait allumé un flambeau de pin; il le tenait d'une main tremblante au-dessus de la couche d'Atala. Cette belle et jeune femme, à moitié soulevée sur le coude, se montrait, pâle et échevelée. Les gouttes d'une sueur pénible brillaient sur son front ; ses regards à demi éteints cherchaient encore à m'exprimer son amour, et sa bouche essayait de sourire. Frappé comme d'un coup de foudre, les yeux fixes, les bras étendus, les lèvres entr'ouvertes, je demeurai immobile. Un profond silence règne un moment parmi les trois personnages de cette scène de douleur. Le solitaire le rompt le premier : « Ceci, « dit-il, ne sera qu'une fièvre occasionnée par la fa- « tigue, et, si nous nous résignons à la volonté de « Dieu, il aura pitié de nous. »

« A ces paroles, le sang suspendu reprit son cours dans mon cœur, et, avec la mobilité du Sauvage, je passai subitement de l'excès de la crainte à l'excès de la confiance. Mais Atala ne m'y laissa pas longtemps. Balançant tristement la tête elle nous fit signe de nous approcher de sa couche.

« Mon père, » dit-elle d'une voix affaiblie en s'a- dressant au religieux, « je touche au moment de la « mort. O Chactas ! écoute sans désespoir le funeste « secret que je t'ai caché pour ne pas te rendre trop « misérable, et pour obéir à ma mère. Tâche de ne « pas m'interrompre par des marques d'une dou- « leur qui précipiterait le peu d'instants que j'ai à « vivre. J'ai beaucoup de choses à raconter, et, aux « battements de ce cœur, qui se ralentissent .. à je « ne sais quel fardeau glacé que mon sein soulève « à peine... je sens que je ne me saurais trop hâ- « ter. »

« Après quelques moments de silence, Atala poursuivit ainsi :

« Ma triste destinée a commencé presque avant « que j'eusse vu la lumière. Ma mère m'avait con- « çue dans le malheur ; je fatiguais son sein, et elle « me mit au monde avec de grands déchirements « d'entrailles : on désespéra de ma vie. Pour sauver « mes jours, ma mère fit un vœu : elle promit à la « Reine des anges que je lui consacrerais ma virgi- « nité si j'échappais à la mort... Vœu fatal qui me « précipite au tombeau !

« J'entrais dans ma seizième année lorsque je
« perdis ma mère. Quelques heures avant de mou-
« rir, elle m'appela au bord de sa couche. « Ma
« fille, me dit-elle en présence d'un missionnaire
« qui consolait ses derniers instants, ma fille, tu
« sais le vœu que j'ai fait pour toi. Voudrais-tu dé-
« mentir ta mère ? O mon Atala ! je te laisse dans
« un monde qui n'est pas digne de posséder une
« chrétienne, au milieu d'idolâtres qui persécutent
« le Dieu de ton père et le mien, le Dieu qui après
« t'avoir donné le jour, te l'a conservé par un mi-
« racle. Eh ! ma chère enfant, en acceptant le voile
« des vierges, tu ne fais que renoncer aux soucis de
« la cabane et aux funestes passions qui ont troublé
« le sein de ta mère ! Viens donc, ma bien-aimée,
« viens, jure sur cette image de la Mère du Sau-
« veur. entre les mains de ce saint prêtre et de ta
« mère expirante, que tu ne me trahiras point à la
« face du ciel ; songe que je me suis engagée pour
« toi, afin de te sauver la vie, et que, si tu ne tiens
« ma promesse, tu plongeras l'âme de ta mère dans
« des tourments éternels. »

« O ma mère ! pourquoi parlâtes-vous ainsi ! O re-
« ligion qui fais à la fois mes maux et ma félicité,
« qui me perds et qui me consoles ! Et toi, cher et
« triste objet d'une passion qui me consume jusque
« dans les bras de la mort, toi maintenant, ô Chac-
« tas, ce qui a fait la rigueur de notre destinée !...
« Fondant en pleurs et me précipitant dans le sein
« maternel, je promis tout ce qu'on me voulut fair
« promettre. Le missionnaire prononça sur moi le
« paroles redoutables, et me donna le scapulaire qui
« me lie pour jamais. Ma mère me menaça de s
« malédiction si jamais je rompais mes vœux, e
« après m'avoir recommandé un secret inviolable en

« vers les païens, persécuteurs de ma religion, elle
« expira en me tenant embrassée.

« Je ne connus pas d'abord le danger de mes ser-
« ments. Pleine d'ardeur et chrétienne véritable,
« fière du sang espagnol qui coule dans mes veines,
« je n'aperçus autour de moi que des hommes in-
« dignes de recevoir ma main ; je m'applaudis de
« n'avoir d'autre époux que le Dieu de ma mère. Je
« te vis, jeune et beau prisonnier, je m'attendris sur
« ton sort, je t'osai parler au bûcher de la forêt ;
« alors je sentis tout le poids de mes vœux. »

« Comme Atala achevait de prononcer ces paroles, serrant les poings, et regardant le missionnaire
d'un air menaçant, je m'écriai : « La voilà donc,
« cette religion que vous m'avez tant vantée ! Pé-
« risse le serment qui m'enlève Atala ! périsse le
« Dieu qui contrarie la nature ! Homme-prêtre,
« qu'es-tu venu faire dans ces forêts ?

« — Te sauver, dit le vieillard d'une voix terri-
« ble, dompter tes passions, et t'empêcher, blas-
« phémateur, d'attirer sur toi la colère céleste. Il te
« sied bien, jeune homme, à peine entré dans la vie,
« de te plaindre de tes douleurs ! Où sont les mar-
« ques de tes souffrances ? Où sont les injustices
« que tu as supportées ? Où sont tes vertus, qui,
« seules pourraient te donner quelques droits à la
« plainte ? Quel service as-tu rendu ? Quel bien as-tu
« fait ? Eh ! malheureux, tu ne m'offres que des pas-
« sions, et tu oses accuser le ciel ! Quand tu auras,
« comme le père Aubry, passé trente années exilé
« sur les montagnes, tu seras moins prompt à juger
« des desseins de la Providence ; tu comprendras
« alors que tu ne sais rien, que tu n'es rien, et qu'il
« n'y a point de châtiments si rigoureux, point de

2

« maux si terribles, que la chair corrompue ne mé-
« rite de souffrir.

« Les éclairs qui sortaient des yeux du vieillard,
sa barbe qui frappait sa poitrine, ses paroles fou-
droyantes, le rendaient semblable à un dieu. Acca-
blé de sa majesté, je tombai à ses genoux, et lui de-
mandai pardon de mes emportements. « Mon fils, »
me répondit-il avec un accent si doux que le remords
entra dans mon âme; « mon fils, ce n'est pas pour
« moi-même que je vous ai réprimandé. Hélas !
« vous avez raison, mon cher enfant; je suis venu
« faire bien peu de chose dans ces forêts, et Dieu n'a
« pas de serviteur plus indigne que moi. Mais, mon
« fils, le ciel, voilà ce qu'il ne faut jamais accu-
« ser ! Pardonnez-moi si je vous ai offensé; mais
« écoutons votre sœur. Il y a peut-être du remède,
« ne nous lassons point d'espérer. Chactas, c'est une
« religion bien divine que celle-là qui a fait une vertu
« de l'espérance !

« — Mon jeune ami, reprit Atala, tu as été té-
« moin de mes combats, et cependant tu n'en as vu
« que la moindre partie; je te cachais le reste. Non,
« l'esclave noir qui arrose de ses sueurs les sables
« ardents de la Floride est moins misérable que n'a
« été Atala. Te sollicitant à la fuite, et pourtant cer-
« taine de mourir si tu t'éloignais de moi; craignant
« de fuir avec toi dans les déserts, et cependant ha-
« letant après l'ombrage des bois... Ah! s'il n'avait
« fallu que quitter parents, amis, patrie; si même
« (chose affreuse !) il n'y eût eu que la perte de mon
« âme! Mais ton ombre, ô ma mère, ton ombre
« était toujours là, me reprochant ses tourments !
« J'entendais tes plaintes, je voyais les flammes de
« l'enfer te consumer. Mes nuits étaient arides et
« pleine de fantômes, mes jours étaient désolés; la

« rosée du soir séchait en tombant sur ma peau brû-
« lante ; j'entrouvrais mes lèvres aux brises, et les
« brises, loin de m'apporter la fraîcheur, s'embra-
« saient du feu de mon souffle. Quel tourment de
« te voir sans cesse auprès de moi, loin de tous les
« hommes, dans de profondes solitudes, et de sen-
« tir entre toi et moi une barrière invincible ! Pas-
« ser ma vie à tes pieds ; te servir comme ton es-
« clave, apprêter ton repas et ta couche dans quelque
« coin ignoré de l'univers, eût été pour moi le
« bonheur suprême ; ce bonheur, j'y touchais, et je
« ne pouvais en jouir. Quel dessein n'ai-je point
« rêvé ! Quel songe n'est point sorti de ce cœur si
« triste ! Quelquefois, en attachant mes yeux sur
« toi, j'allais jusqu'à former des désirs aussi insen-
« sés que coupable : tantôt j'aurais voulu être avec
« toi la seule créature vivante sur la terre ; tantôt,
« sentant une divinité qui m'arrêtait dans mes hor-
« ribles transports, j'aurais désiré que cette divinité
« se fut anéantie, pourvu que, serrée dans tes bras,
« j'eusse roulé d'abîme en abîme avec les débris de
« Dieu et du monde ! A présent même... le dirai-je !
« à présent que l'éternité va m'engloutir, que je vais
« paraître devant le Juge inexorable ; au moment
« où, pour obéir à ma mère, je vois avec joie ma
« virginité dévorer ma vie ; eh bien ! par une af-
« freuse contradiction, j'emporte le regret de n'a-
« voir pas été à toi !...

« — Ma fille, interrompit le missionnaire, votre
« douleur vous égare. Cet excès de passion auquel
« vous vous livrez est rarement juste ; il n'est pas
« même dans la nature, et en cela il est moins cou-
« pable aux yeux de Dieu, parce que c'est plutôt
« quelque chose de faux dans l'esprit que de vicieux
« dans le cœur. Il faut donc éloigner de vous ces

« emportements qui ne sont pas dignes de votre in-
« nocence. Mais aussi, ma chère enfant, votre ima-
« gination impétueuse vous a trop alarmée sur vos
« vœux. La religion n'exige point de sacrifice plus
« qu'humain. Ses sentiments vrais, ses vertus tem-
« pérées sont bien au-dessus des sentiments exaltés
« et des vertus forcées d'un prétendu héroïsme. Si
« vous aviez succombé, eh bien ! pauvre brebis éga-
« rée, le bon Pasteur vous aurait cherchée pour
« vous ramener au troupeau. Les trésors du re-
« pentir vous étaient ouverts : il faut des torrents
« de sang pour effacer nos fautes aux yeux des hom-
« mes ; une seule larme suffit à Dieu. Rassurez-vous
« donc, ma chère fille ; votre situation exige du
« calme ; adressons-nous à Dieu, qui guérit toutes
« les plaies de ses serviteurs. Si c'est sa volonté,
« comme je l'espère, que vous échappiez à cette
« maladie, j'écrirai à l'évêque de Québec ; il a les
« pouvoirs nécessaires pour vous relever de vos
« vœux, qui ne sont que des vœux simples, et vous
« achèverez vos jours près de moi avec Chactas vo-
« tre époux. »

« A ces paroles du vieillard, Atala fut saisie d'une
longue convulsion, dont elle ne sortit que pour donner des marques d'une douleur effrayante. « Quoi !
« dit-elle en joignant les deux mains avec passion,
« il y avait du remède ! Je pouvais être relevée de
« mes vœux ! — Oui, ma fille, répondit le Père ;
« et vous le pouvez encore. — Il est trop tard, il
« est trop tard ! s'écria-t-elle. Faut-il mourir au
« moment où j'apprends que j'aurais pu être heu-
« reuse ! Que n'ai-je connu plutôt ce saint vieillard !
« Aujourd'hui, de quel bonheur je jouirais avec toi,
« avec Chactas chrétien... consolée, rassurée par ce
« prêtre auguste... dans ce désert... pour toujours...

« oh! c'eût été trop de félicité! — Calme toi, lui
« dis-je en saisissant une des mains de l'infortunée;
« calme-toi, ce bonheur, nous allons le goûter. —
« Jamais! jamais! dit Atala. — Comment? repar-
« tis-je. — Tu ne sais pas tout, s'écria la vierge :
« c'est hier... pendant l'orage... J'allais violer mes
« vœux : j'allais plonger ma mère dans les flammes
« de l'abîme ; déjà sa malédiction était sur moi, déjà
« je mentais au Dieu qui m'a sauvé la vie... Quand
« tu baisais mes lèvres tremblantes, tu ne savais
« pas que tu n'embrassais que la mort! — O ciel!
« s'écria le missionnaire; chère enfant, qu'avez-vous
« fait? — Un crime, mon Père, dit Atala les yeux
« égarés : mais je ne perdais que moi, et je sauvais
« ma mère. — Achève donc, m'écriai-je plein d'é-
« pouvante. — Hé bien! dit-elle, j'avais prévu ma
« faiblesse : en quittant les cabanes, j'ai emporté
« avec moi... — Quoi? repris-je avec horreur. —
« Un poison! dit le Père. — Il est dans mon sein,»
s'écria Atala.

« Le flambeau s'échappe de la main du solitaire,
je tombe mourant près de la fille de Lopez ; le vieillard nous saisit l'un et l'autre dans ses bras, et tous
trois, dans l'ombre, nous mêlons un moment nos
sanglots sur cette couche funèbre.

« Réveillons-nous, réveillons-nous! dit bientôt le
« courageux ermite en allumant une lampe. Nous
« perdons des moments précieux; intrépides chré-
« tiens, bravons les assauts de l'adversité ; la corde
« au cou, la cendre sur la tête, jetons-nous aux pieds
« du Très-Haut pour implorer sa clémence, pour
« nous soumettre à ses décrets. Peut-être est-il
« temps encore. Ma fille, vous eussiez dû m'avertir
« hier au soir.

« — Hélas! mon Père, dit Atala, je vous ai cher-

« ché la nuit dernière ; mais le ciel, en punition de
« mes fautes, vous a éloigné de moi. Tout secours
« eût d'ailleurs été inutile ; car les Indiens même,
« si habiles dans ce qui regarde les poisons, ne con-
« naissent point de remède à celui que j'ai pris. O
« Chactas! juge de mon étonnement quand j'ai vu
« que le coup n'était pas aussi subit que je m'y at-
« tendais ! Mon amour a redoublé mes forces, mon
« âme n'a pu si vite se séparer de toi. »

« Ce ne fut plus ici par des sanglots que je trou-
blai le récit d'Atala : ce fut par ces emportements
qui ne sont connus que des Sauvages. Je me roulai
furieux sur la terre en me tordant les bras et en me
dévorant les mains. Le vieux prêtre, avec une tendresse merveilleuse, courait du frère à la sœur, et
nous prodiguait mille secours. Dans le calme de son
cœur et sous le fardeau des ans, il savait se faire entendre à notre jeunesse, et sa religion lui fournissait
des accents plus tendres et plus brûlants que nos passions même. Ce prêtre, qui depuis quarante années
s'immolait chaque jour au service de Dieu et des
hommes dans ces montagnes ne te rappelle-t-il pas
ces holocaustes d'Israël fumant perpétuellement sur
les hauts lieux devant le Seigneur?

« Hélas! ce fut en vain qu'il essaya d'apporter
quelque remède aux maux d'Atala. La fatigue, le chagrin, le poison et une passion plus mortelle que tous
les poisons ensemble, se réunissaient pour ravir cette
fleur à la solitude. Vers le soir, des symptômes effrayants se manifestèrent ; un engourdissement gé-
néral saisit les membres d'Atala, et les extrémités de
son corps commencèrent à refroidir : « Touche mes
« doigts, me disait-elle ; ne les trouves-tu pas
« bien glacés ? » Je ne savais que répondre, et mes
cheveux se hérissaient d'horreur ; ensuite elle ajou-

fait : « Hier encore, mon bien-aimé, ton seul toucher
« me faisait tressaillir, et voilà que je ne sens plus
« ta main, je n'entends presque plus ta voix, les
« objets de la grotte disparaissent tour à tour. Ne
« sont-ce pas les oiseaux qui chantent? Le soleil
« doit être près de se coucher maintenant; Chactas,
« ses rayons seront bien beaux au désert, sur ma
« tombe. »

« Atala, s'apercevant que ces paroles nous faisaient fondre en pleurs, nous dit : « Pardonnez-moi,
« mes bons amis ; je suis bien faible, mais peut-être
« que je vais devenir plus forte. Cependant mourir
« si jeune, tout à la fois, quand mon cœur était si
« plein de vie ! Chef de la prière, aie pitié de moi ;
« soutiens-moi. Crois-tu que ma mère soit contente
« et que Dieu me pardonne ce que j'ai fait?

« — Ma fille, » répondit le bon religieux en
versant des larmes et les essuyant avec ses doigts
tremblants et mutilés ; « ma fille, tous vos malheurs
« viennent de votre ignorance ; c'est votre éduca-
« tion sauvage et le manque d'instruction nécessaire
« qui vous ont perdue ; vous ne saviez pas qu'une
« chrétienne ne peut disposer de sa vie. Consolez-
« vous donc, ma chère brebis : Dieu vous pardon-
« nera à cause de la simplicité de votre cœur. Votre
« mère et l'imprudent missionnaire qui la dirigeait
« ont été plus coupables que vous ; ils ont passé
« leurs pouvoirs en vous arrachant un vœu indiscret;
« mais que la paix du seigneur soit avec eux ! Vous
« offrez tous trois un terrible exemple des dangers
« de l'enthousiasme et du défaut de lumière en ma-
« tière de religion. Rassurez-vous, mon enfant : ce-
« lui qui sonde les reins et les cœurs vous jugera sur
« vos intentions, qui étaient pures, et non sur votre
« action qui est condamnable.

« Quand à la vie, si le moment est arrivé de vous
« endormir dans le Seigneur, ah ! ma chère enfant,
« que vous perdez peu de chose en perdant ce
« monde ! Malgré la solitude où vous avez vécu,
« vous avez connu les chagrins ; que penseriez-vous
« donc si vous eussiez été témoin des maux de la
« société ? Si, en abordant sur les rivages de l'Eu-
« rope, votre oreille eût été frappée de ce long cri
« de douleur qui s'élève de cette vieille terre ? L'ha-
« bitant de la cabane et celui des palais, tout souf-
« fre, tout gémit ici-bas ; les reines ont été vues
« pleurant comme de simples femmes, et l'on s'est
« étonné de la quantité de larmes que contiennent
« les yeux des rois !

« Est-ce votre amour que vous regrettez ? Ma fille,
« il faudrait autant pleurer un songe. Connaissez-
« vous le cœur de l'homme, et pourriez-vous comp-
« ter les inconstances de son désir ? Vous calcule-
« riez plutôt le nombre de vagues que la mer roule
« dans une tempête. Atala, les sacrifices, les bien-
« faits, ne sont pas des liens éternels : un jour peut-
« être le dégoût fût venu avec la satiété, le passé eût
« été compté pour rien, et l'on n'eût plus aperçu que
« les inconvénients d'une union pauvre et méprisée.
« Sans doute, ma fille, les plus belles amours furent
« celles de cet homme et de cette femme sortis de
« la main du Créateur. Un paradis avait été formé
« pour eux. Ils étaient innocents et immortels. Par-
« faits de l'âme et du corps, ils se convenaient en
« tout : Eve avait été créée pour Adam et Adam pour
« Eve. S'ils n'ont pu toutefois se maintenir dans cet
« état de bonheur, quels couples le pourront après
« eux ? Je ne vous parlerai point des mariages des
« premiers nés des hommes, de ces unions inef-
« fables, alors que la sœur était l'épouse du frère,

« que l'amour et l'amitié fraternelle se confondaient
« dans le même cœur, et que la pureté de l'une
« augmentait les délices de l'autre. Toutes ces unions
« ont été troublées ; la jalousie s'est glissée à l'au-
« tel de gazon où l'on immolait le chevreau ; elle a
« régné sous la tente d'Abraham, et dans ces cou-
« ches mêmes où les patriarches goûtaient tant de
« joie qu'ils oubliaient la mort de leurs mères.

« Vous seriez-vous donc flattée, mon enfant, d'ê-
« tre plus innocente et plus heureuse dans vos liens
« que ces saintes familles dont Jésus-Christ a voulu
« descendre? Je vous épargne les détails des soucis
« du ménage, les disputes, les reproches mutuels,
« les inquiétudes, et toutes ces peines secrètes qui
« veillent sur l'oreiller du lit conjugal. La femme
« renouvelle ses douleurs chaque fois qu'elle est
« mère, et elle se marie en pleurant. Que de maux
« dans la seule perte d'un nouveau-né à qui l'on
« donnait le lait, et qui meurt sur votre sein ! La
« montagne a été pleine de gémissements ; rien ne
« pouvait consoler Rachel, parce que ses fils n'é-
« taient plus. Ces amertumes attachées aux tendres-
« ses humaines sont si fortes, que j'ai vu dans ma
« patrie de grandes dames, aimées par des rois,
« quitter la cour pour s'ensevelir dans des cloîtres et
« mutiler cette chair revoltée dont les plaisirs ne
« sont que des douleurs.

« Mais peut-être direz-vous que ces derniers
« exemples ne vous regardent pas ; que toute votre
« ambition se réduisait à vivre dans une obscure ca-
« bane avec l'homme de votre choix; que vous cher-
« chiez moins les douceurs du mariage que les
« charmes de cette folie que la jeunesse appelle
« amour? Illusion, chimère, vanité, rêve d'une
« imagination blessée? Et moi aussi, ma fille, j'ai

« connu les troubles du cœur ; cette tête n'a pas
« toujours été chauve, ni ce sein aussi tranquille
« qu'il vous le paraît aujourd'hui. Croyez-en mon
« expérience ; si l'homme, constant dans ses af-
« fections, pouvait sans cesse fournir à un sentiment
« renouvelé sans cesse, sans doute la solitude et l'a-
« mour l'égalerait à Dieu même, car ce sont là les
« deux éternels plaisirs du grand Etre ; mais l'âme
« de l'homme se fatigue, et jamais elle n'aime long-
« temps le même objet avec plénitude. Il y a tou-
« jours quelques points par où deux cœurs ne se
« touchent pas, et ces points suffisent à la longue
« pour rendre la vie insupportable.

« Enfin, ma chère fille, le grand tort des hom-
« mes, dans leur songe de bonheur, est d'oublier
« cette infirmité de la mort attachée à leur nature :
« il faut finir. Tôt ou tard, quelle qu'eût été votre
« félicité, ce beau visage se fût changé en cette fi-
« gure uniforme que le sépulcre donne à la famille
« d'Adam ; l'œil même de Chactas n'aurait pu vous
« reconnaître entre vos sœurs de la tombe. L'amour
« n'étend point son empire sur les vers du cercueil.
« Que dis-je ! (ô vanité des vanités !) que parlé-je de
« la puissance des amitiés de la terre ! Voulez-vous,
« ma chère fille, en connaître l'étendue ? Si un
« homme revenait à la lumière quelques années
« après sa mort, je doute qu'il fût revu avec joie
« par ceux-là mêmes qui ont donné le plus de lar-
« mes à sa mémoire : tant on forme vite d'autres
« liaisons, tant on prend facilement d'autres habi-
« tudes, tant l'inconstance est naturelle à l'homme,
« tant notre vie est peu de chose, même dans le cœur
« de nos amis !

« Remerciez donc la bonté divine, ma chère fille,
« qui vous retire si vite de cette vallée de misère.

« Déjà le vêtement blanc et la couronne éclatante des
« vierges se prépare pour vous sur les nuées ; déjà
« j'entends la Reine des anges qui vous crie : Venez,
« ma digne servante ; venez, ma colombe ; venez vous
« asseoir sur un trône de candeur, parmi toutes ces
« filles qui ont sacrifié leur beauté et leur jeunesse
« au service de l'humanité, à l'éducation des enfants
« et aux chefs-d'œuvre de la pénitence. Venez, rose
« mystique, vous reposer sur le sein de Jésus-
« Christ. Ce cercueil, lit nuptial que vous vous
« êtes choisi, ne sera point trompé ; et les embras-
« sements de votre céleste époux ne finiront ja-
« mais ! »

« Comme le dernier rayon du jour abat les vents
et répand le calme dans le ciel, ainsi la parole tranquille du vieillard apaisa les passions dans le sein de
mon amante. Elle ne parut plus occupée que de ma
douleur et des moyens de me faire supporter sa
perte. Tantôt elle me disait qu'elle mourrait heureuse si je lui promettais de sécher mes pleurs ;
tantôt elle me parlait de ma mère, de ma patrie ;
elle cherchait à me distraire de la douleur présente en
réveillant en moi une douleur passée. Elle m'exhor-
tait à la patience, à la vertu : « Tu ne seras pas toujours
« malheureux, disait-elle : si le ciel t'éprouve au-
« jourd'hui, c'est seulement pour te rendre plus
« compatissant aux maux des autres. Le cœur, ô
« Chactas ! est comme ces sortes d'arbres qui ne
« donnent leur baume pour les blessures des hom-
« mes que lorsque le fer les a blessés eux-mêmes.

« Quand elle avait ainsi parlé, elle se tournait
vers le missionnaire, cherchait auprès de lui le soulagement qu'elle m'avait fait éprouver, et, tour à
tour consolante et consolée, elle donnait et recevait
la parole de vie sur la couche de la mort.

« Cependant l'ermite redoublait de zéle. Ses vieux os s'étaient ranimés par l'ardeur de la charité, et toujours préparant des remèdes, rallumant le feu, rafraîchissant la couche, il faisait d'admirables discours sur Dieu et sur le bonheur des justes. Le flambeau de la religion à la main, il semblait précéder Atala dans la tombe, pour lui en montrer les secrètes merveilles. L'humble grotte était remplie de la grandeur de ce trépas chrétien, et les esprits célestes étaient sans doute attentifs à cette scène où la religion luttait seule contre l'amour, la jeunesse et la mort.

« Elle triomphait, cette religion divine, et l'on s'apercevait de sa victoire à une sainte tristesse qui succédait dans nos cœurs aux premiers transports des passions. Vers le milieu de la nuit, Atala sembla se ranimer pour répéter des prières que le religieux prononçait au bord de sa couche. Peu de temps après, elle me tendit la main, et, avec une voix qu'on entendait à peine, elle me dit : « Fils d'Ou- « talissi, te rappelles-tu cette première nuit où tu « me pris pour la vierge des dernières amours? « Singulier présage de notre destinée! » Et elle s'arrêta, puis elle reprit: « Quand je songe que je « te quitte pour toujours, mon cœur fait un tel effort « pour revivre, que je me sens presque le pouvoir « de me rendre immortelle à force d'aimer. Mais, « ô mon Dieu, que votre volonté soit faite. » Atala se tut pendant quelques instants; elle ajouta: « Il « ne me reste qu'à vous demander pardon des « maux que je vous ai causés. Je vous ai beaucoup « tourmenté par mon orgueil et mes caprices « Chactas, un peu de terre jetée sur mon corps va « mettre tout un monde entre vous et moi, et vous délivrer pour toujours du poids de mes infortu-

— « Vous pardonner ! répondis-je noyé de lar-
« mes ; n'est-ce pas moi qui ai causé tous vos
« malheurs ? — Mon ami, dit-elle en m'interrom-
« pant, vous m'avez rendue très-heureuse, et si
« j'étais à recommencer la vie, je préférerais encore
« le bonheur de vous avoir aimé quelques instants
« dans un exil infortuné à toute une vie de repos
« dans ma patrie. »

Ici la voix d'Atala s'éteignit ; les ombres de la
mort se répandirent autour de ses yeux et de sa bouche ; ses doigts errants cherchaient à toucher quelque chose ; elle conversait tout bas avec des esprits
invisibles. Bientôt, faisant un effort, elle essaya,
mais en vain, de détacher de son cou le petit crucifix : elle me pria de le dénouer moi-même, et elle
me dit :

« Quand je te parlai pour la première fois, tu
« vis cette croix briller à la lueur du feu sur mon
« sein ; c'est le seul bien que possède Atala. Lopez,
« ton père et le mien, l'envoya à ma mère peu de
« jours après ma naissance. Reçois donc de moi cet
« héritage, ô mon frère ! conserve-le en mémoire
« de tes malheurs. Tu auras recours à ce Dieu des
« infortunés dans les chagrins de ta vie ; Chactas,
« j'ai une dernière prière à te faire. Ami, notre
« union aurait été courte sur la terre, mais il est
« après cette vie une plus longue vie. Qu'il serait
« affreux d'être séparé de toi pour jamais. Je ne
« fais que te devancer aujourd'hui, et je te vais at-
« tendre dans l'empire céleste. Si tu m'as aimée,
« fais-toi instruire dans la religion chrétienne, qui
« préparera notre réunion. Elle fait sous tes yeux
« un grand miracle, cette religion, puisqu'elle me
« rend capable de te quitter sans mourir dans les
« angoisses du désespoir. Cependant, Chactas, je

5

« ne veux de toi qu'une simple promesse ; je sais
« trop ce qu'il en coûte pour te demander un ser-
« ment. Peut-être ce vœu te séparerait-il de quelque
« femme plus heureuse que moi... O ma mère,
« pardonne à ta fille. O Vierge ! retenez votre cour-
« roux. Je retombe dans mes faiblesses, et je te dé-
« robe, ô mon Dieu ! des pensées qui ne devraient
« être que pour toi. »

« Navré de douleur, je promis à Atala d'embrasser un jour la religion chrétienne. » A ce spectacle, le
solitaire, se levant d'un air inspiré, et tendant les
bras vers la voute de la grotte : « Il est temps, s'é-
« cria-il, il est temps d'appeler Dieu ici ! »

« A peine a-t-il prononcé ces mots qu'une force
surnaturelle me contraint de tomber à genoux, et
m'incline la tête au pied du lit d'Atala. Le prêtre
ouvre un lieu secret où était renfermée une urne
d'or, couverte d'un voile de soie : il se prosterne et
adore profondément. La grotte parut soudain illumi-
minée ; on entendit dans les airs les paroles des anges
et les frémissements des harpes célestes ; et, lorsque
le solitaire tira le vase sacré de son tabernacle, je
crus voir Dieu lui-même sortir du flanc de la montagne.

« Le prêtre ouvrit le calice ; il prit entre ses deux
doigts une hostie blanche comme la neige, et s'approchant d'Atala en prononçant des mots mystérieux.
Cette sainte avait les yeux levés au ciel, en extase.
Toutes ses douleurs parurent suspendues, toute sa
vie se rassembla sur sa bouche ; ses lèvres s'entr'ou-
vrirent et vinrent avec respect chercher le Dieu caché
sous le pain mystique. Ensuite le divin vieillard
trempe un peu de coton dans une huile consacrée ;
il en frotte les tempes d'Atala, il regarde un moment
la fille mourante et tout à coup ces fortes paroles lui

échappent : « Partez, âme chrétienne, allez rejoindre
« votre Créateur! » Relevant alors ma tête abattue,
je m'écriai, en regardant le vase où était l'huile
sainte : « Mon Père, ce remède rendra-t-il la vie à
« Atala? — Oui, mon fils, dit le vieillard en tom-
« bant dans mes bras : la vie éternelle! » Atala
venait d'expirer. »

Dans cet endroit, pour la seconde fois depuis le
commencement de son récit, Chactas fut obligé de
s'interrompre. Ses pleurs l'inondaient et sa voix ne
laissait échapper que des mots entrecoupés. Le sachem aveugle ouvrit son sein ; il en tira le crucifix
d'Atala. « Le voilà, s'écria-t-il, ce gage de l'adver-
« sité! O René, ô mon fils! tu le vois, et moi je ne
« le vois plus! Dis-moi, après tant d'années, l'or
« n'en est-il point altéré? n'y vois-tu point la trace
« de mes larmes? Pourrais-tu reconnaître l'endroit
« qu'une sainte a touché de ses lèvres? Comment
« Chactas n'est il point encore chrétien? Quelles fri-
« voles raisons de politique et de patrie l'ont jusqu'à
« présent retenu dans les erreurs de ses pères?
« Non, je ne veux pas tarder plus longtemps. La
« terre me crie : Quand donc descendras-tu dans la
« tombe, et qu'attends tu pour embrasser une reli-
« gion divine?...... O terre! vous ne m'attendrez
« pas longtemps : aussitôt qu'un prêtre aura rajeuni
« dans l'onde cette tête blanchie par les chagrins,
« j'espère me réunir à Atala..... Mais achevons ce
« qui me reste à conter de mon histoire.

« Je n'entreprendrai point, ô René! de te peindre
aujourd'hui le désespoir qui saisit mon âme lorsque
Atala eut rendu le dernier soupir. Il faudrait avoir
plus de chaleur qu'il ne m'en reste, il faudrait que
mes yeux fermés se pussent rouvrir au soleil pour
lui demander compte des pleurs qu'ils versèrent à

sa lumière. Oui, cette lune qui brille à présent sur
nos têtes se lassera d'éclairer les solitudes du Kentucky; oui, le fleuve qui porte maintenant nos pirogues suspendra le cours de ses eaux avant que mes
larmes cessent de couler pour Atala ! Pendant deux
jours entiers je fus insensible aux discours de l'ermite. En essayant de calmer mes peines, cet excel-
lent homme ne se servait point des vaines raisons de
la terre; il se contentait de me dire : « Mon fils,
« c'est la volonté de Dieu, » et il me pressait dans
ses bras. Je n'aurais jamais cru qu'il y eut tant de
consolations dans ce peu de mots du chrétien résigné,
si je ne l'avais éprouvé moi-même.

« La tendresse, l'onction, l'inaltérable patience
du vieux serviteur de Dieu, vainquirent enfin l'ob-
stination de ma douleur. J'eus honte des larmes que je
lui faisais répandre. « Mon Père, lui dis-je, c'en est
« trop : que les passions d'un jeune homme ne trou-
« blent plus la paix de tes jours. Laisse-moi em-
« porter les restes de mon épouse; je les ensevelirai
« dans quelque coin du désert, et si je suis encore
« condamné à la vie, je tâcherai de me rendre digne
« de ces noces éternelles qui m'ont été promises par
« Atala. »

« A ce retour inespéré de courage, le bon Père
tressaillit de joie, il s'écria : « O sang de Jésus-Christ,
« sang de mon divin Maître, je reconnais là tes mé-
« rites ! Tu sauveras sans doute ce jeune homme.
« Mon Dieu, achève ton ouvrage; rends la paix à
« cette âme troublée, et ne lui laisse de ses mal-
« heurs que d'humbles et utiles souvenirs ! »

« Le juste refusa de m'abandonner le corps de la
fille de Lopez, mais il me proposa de faire venir ses
néophytes et de l'enterrer avec toute la pompe chrétienne; je m'y refusai à mon tour. « Les malheurs

« et les vertus d'Atala, lui dis-je, ont été inconnus
« des hommes ; que sa tombe, creusée furtivement
« par nos mains, partage cette obscurité. » Nous
convînmes que nous partirions le lendemain, au lever
du soleil, pour enterrer Atala sous l'arche du pont
naturel, à l'entrée des bocages de la mort, il fut aussi
résolu que nous passerions la nuit en prière auprès
du corps de cette sainte.

« Vers le soir, nous transportâmes ses précieux
restes à une ouverture de la grotte qui donnait vers
le nord. L'ermite les avait roulés dans une pièce de
lin de l'Europe, filé par sa mère : c'était le seul bien
qui lui restait de sa patrie, et depuis longtemps il le
destinait à son propre tombeau. Atala était couchée
sur un gazon de sensitives des montagnes ; ses pieds,
sa tête, ses épaules et une partie de son sein étaient
découverts. On voyait dans ses cheveux une fleur de
magnolia fanée... celle-là même que j'avais déposée
sur le lit de la vierge, pour la rendre féconde. Ses lèvres, comme un bouton de rose cueilli depuis deux
matins, semblait languir et sourire. Dans ses joues
d'une blancheur éclatante, on distinguait quelques
veines bleues. Ses beaux yeux étaient fermés, ses
pieds modestes étaient joints, et ses mains d'albâtre
pressaient sur son cœur un crucifix d'ébène ; le scapulaire de ses vœux était passé à son cou. Elle paraissait enchantée par l'ange de la mélancolie, et par
le double sommeil de l'innocence et de la tombe : je
n'ai rien vu de plus céleste. Quiconque eut ignoré
que cette jeune fille avait joui de la lumière aurait
pu la prendre pour la statue de la Virginité endormie.

« Le religieux ne cessa de prier toute la nuit. J'é-
tais assis en silence au chevet du lit funèbre de mon
Atala. Que de fois, durant son sommeil, j'avais sup-

porté sur mes genoux cette tête charmante! Que de fois je m'étais penché sur elle pour entendre et pour respirer son souffle! Mais à présent aucun bruit ne sortait de ce sein immobile, et c'était en vain que j'attendais le réveil de la beauté!

« La lune prêta son pâle flambeau à cette veillée funèbre. Elle se leva au milieu de la nuit, comme une blanche vestale qui vient pleurer sur le cercueil d'une compagne. Bientôt elle répandit dans les bois ce grand secret de mélancolie, qu'elle aime à raconter aux vieux chênes et aux rivages antiques des mers. De temps en temps, le religieux plongeait un rameau fleuri dans une eau consacrée; puis, secouant la branche humide, il parfumait la nuit des baumes du ciel. Parfois il répétait sur un air antique quelques vers d'un vieux poëte nommé *Job;* il disait:

« J'ai passé comme une fleur; j'ai séché comme « l'herbe des champs.

« Pourquoi la lumière a-t-elle été donnée à un « misérable, et la vie à ceux qui sont dans l'amer- « tume du cœur? »

« Ainsi chantait l'ancien des hommes. Sa voix grave et un peu cadencée allait roulant dans le silence des déserts. Le nom de Dieu et du tombeau sortait de tous les échos, de tous les torrents, de toutes les forêts. Les roucoulements de la colombe de Virginité, la chute d'un torrent dans la montagne, les tintements de la cloche qui appelait les voyageurs, se mêlaient à ces chants funèbres, et l'on croyait entendre dans les bocages de la mort le chœur lointain des décédés, qui répondait à la voix du solitaire.

« Cependant une barre d'or se forma dans l'orient. Les éperviers criaient sur les rochers, et les martres rentraient dans le creux des ormes: c'était le signal du convoi d'Atala. Je chargeai le corps sur mes

épaules ; l'ermite marchait devant moi, une bêche à
la main. Nous commençâmes à descendre de rochers
en rochers ; la vieillesse et la mort ralentissaient
également nos pas. A la vue du chien qui nous avait
trouvés dans la forêt, et qui maintenant, bondissant
de joie, nous traçait une autre route, je me mis à
fondre en larmes. Souvent la longue chevelure d'A-
tala, jouet des brises matinales, étendait son voile
d'or sur mes yeux ; souvent, pliant sous le fardeau,
j'étais obligé de le déposer sur la mousse, et de
m'asseoir auprès, pour reprendre des forces. Enfin,
nous arrivâmes au lieu marqué par ma douleur ; nous
descendîmes sous l'arche du pont. O mon fils ! il eût
fallu voir un jeune Sauvage et un vieil ermite à genoux l'un vis-à-vis de l'autre dans un désert, creu-
sant avec leurs mains un tombeau pour une pauvre
fille dont le corps était étendu près de là, dans la
ravine desséchée d'un torrent.

« Quand notre ouvrage fut achevé, nous transportâmes la beauté dans son lit d'argile. Hélas ! j'avais
espéré de préparer une autre couche pour elle ! Prenant alors un peu de poussière dans ma main, et
gardant un silence effroyable, j'attachai pour la dernière fois mes yeux sur le visage d'Atala. Ensuite je
répandis la terre du sommeil sur un front de dix-
huit printemps ; je vis graduellement disparaître les
traits de ma sœur, et ses grâces se cacher sous le rideau de l'éternité ; son sein surmonta quelque temps
le sol noirci, comme un lis blanc s'élève du milieu
d'une sombre argile : « Lopez, m'écriai-je alors,
« vois ton fils inhumer ta fille ! » et j'achevai de
couvrir Atala de la terre du sommeil.

« Nous retournâmes à la grotte, et je fis part au
missionnaire du projet que j'avais formé de me fixer
près de lui. Le saint, qui connaissait merveilleuse-

ment le cœur de l'homme, découvrit ma pensée et
la ruse de ma douleur. Il me dit : « Chactas, fils
« d'Outalissi, tandis qu'Atala a vécu, je vous ai sol-
« licité moi-même de demeurer auprès de moi ;
« mais à présent votre sort est changé : vous vous
« devez à votre patrie. Croyez-moi, mon fils, les
« douleurs ne sont point éternelles ; il faut tôt ou
« tard qu'elles finissent, parce que le cœur de
« l'homme est fini ; c'est une de nos grandes misè-
« res : nous ne sommes pas mêmes capables d'être
« longtemps malheureux. Retournez au Meschacébé :
« allez consoler votre mère, qui vous pleure tous
« les jours, et qui a besoin de votre appui. Faites-
« vous instruire dans la religion de votre Atala,
« lorsque vous en trouverez l'occasion, et souvenez-
« vous que vous lui avez promis d'être vertueux et
« chrétien. Moi, je veillerai ici sur son tombeau.
« Partez, mon fils, Dieu, l'âme de votre sœur et le
« cœur de votre vieil ami vous suivront. »

« Telles furent les paroles de l'homme du rocher,
son autorité était trop grande, sa sagesse, trop profonde, pour ne lui pas obéir. Dès le lendemain, je
quittai mon vénérable hôte, qui, me pressant sur son
cœur, me donna ses derniers conseils, sa dernière
bénédiction et ses dernières larmes. Je passais au tombeau ; je fus surpris d'y trouver une petite croix qui
se montrait au-dessus de la mort, comme on aperçoit encore le mât d'un vaisseau qui a fait naufrage.
Je jugeai que le solitaire était venu prier au tombeau
pendant la nuit ; cette marque d'amitié et de religion
fit couler mes pleurs en abondance. Je fus tenté de
rouvrir la fosse, et de voir encore une fois ma bien-
aimée ; une crainte religieuse me retint. Je m'assis
sur la terre fraîchement remuée. Un coude appuyé
sur mes genoux, et la tête soutenue dans ma main,

je demeurai enseveli dans la plus amère rêverie. O
René ! c'est là que je fis pour la première fois des
réflexions sérieuses sur la vanité de nos jours, et la
plus grande vanité de nos projets !

« Ayant ainsi vu le soleil se lever et se coucher
sur ce lieu de douleur, le lendemain, au premier cri
de la cigogne, je me préparai à quitter la sépulture
sacrée. J'en partis comme de la borne d'où je vous
lais m'élancer dans la carrière de la vertu. Trois fois
j'évoquai l'âme d'Atala ; trois fois le génie du désert
répondit à mes cris sous l'arche funèbre. Je saluai
ensuite l'orient, et je découvris au loin, dans les sentiers de la montagne, l'ermite qui se rendait à la
cabane de quelque infortuné. Tombant à genoux, et
embrassant étroitement la fosse, je m'écriai : « Dors
« en paix dans cette terre étrangère, fille trop mal-
« heureuse ! Pour prix de ton amour, de ton exil et
« de ta mort, tu vas être abandonnée, même de
« Chactas ! » Alors, versant des flots de larmes, je
me séparai de la fille de Lopez ; alors je m'arrachai
de ces lieux, laissant au pied du monument de la
nature un monument plus auguste : l'humble tombeau de la vertu. »

ÉPILOGUE

Chactas, fils d'Outalissi le Natchez, a fait cette
histoire à René l'Européen. Les pères l'ont redite
aux enfants, et moi, voyageur aux terres lointaines,
j'ai fidèlement rapporté ce que des Indiens m'en ont
appris. Je vis dans ce récit le tableau du peuple chasseur et du peuple laboureur, la religion, première
législatrice des hommes, les dangers de l'ignorance
et de l'enthousiasme religieux, opposés aux lumières,

à la charité et au véritable esprit de l'Evangile, les combats des passions et des vertus dans un cœur simple, enfin le triomphe du christianisme sur le sentiment le plus fougueux et la crainte la plus terrible : l'amour et la mort.

Quand un Siminole me raconta cette histoire, je la trouvai fort instructive et parfaitement belle, parce qu'il y mit la fleur du désert, la grâce de la cabane, et une simplicité à conter la douleur, que je ne me flatte pas d'avoir conservées. Mais une chose me restait à savoir. Je demandais ce qu'était devenu le père Aubry, et personne ne me le pouvait dire. Je l'aurais toujours ignoré, si la Providence qui conduit tout, ne m'avait découvert ce que je cherchais. Voici comme la chose se passa :

J'avais parcouru les rivages du Meschacébé, qui formaient autrefois la barrière méridionale de la Nouvelle-France, et j'étais curieux de voir, au nord, l'autre merveille de cet empire, la cataracte Niagara. J'étais arrivé tout près de cette chute, dans l'ancien pays des Agannonsioni (1), lorsqu'un matin, en traversant une plaine, j'aperçus une femme assise sous un arbre, et tenant un enfant mort sur ses genoux. Je m'approchai doucement de la jeune mère, et je l'entendis qui disait :

« Ame de mon fils, âme charmante, ton père t'a « créée jadis sur mes lèvres par un baiser ; hélas ! « les miens n'ont pas le pouvoir de te donner une « seconde naissance. » Ensuite, elle découvrit son sein, et embrassa ses restes glacés, qui se fussent ranimés au feu du cœur maternel, si Dieu ne s'était réservé le souffle qui donne la vie.

Elle se leva, et chercha des yeux un arbre sur les

---

(1) Les Irauquois.

branches duquel elle pût exposer son enfant. Elle
choisit un érable à fleurs rouges, festonné de guir-
landes d'apios, et qui exhalait les parfums les plus
suaves. D'une main elle en abaissa les rameaux infé-
rieurs, de l'autre elle y plaça le corps ; laissant alors
échapper la branche, la branche retourna à sa position naturelle, emportant la dépouille de l'innocence,
cachée dans un feuillage odorant. Oh ! que cette coutume indienne est touchante ! Je m'approchai de
celle qui gémissait au pied de l'érable ; je lui im-
posais les mains sur la tête, en poussant les trois cris
de douleur. Ensuite, sans lui parler, prenant comme
elle un rameau, j'écartai les insectes qui bourdon-
naient autour du corps de l'enfant.

Cependant la mère pleurait de joie en voyant la
politesse de l'étranger. Comme nous faisions ceci, un
jeune homme approcha : « Fille de Celuta, retire
« notre enfant ; nous ne séjournerons pas plus long-
« temps ici, et nous partirons au premier soleil. »
Je dis alors : « Frère, je te souhaite un ciel bleu,
« beaucoup de chevreuils, un manteau de castor,
« et l'espérance. Tu n'es donc pas de ce désert !
« Non, » répondit le jeune homme ; « nous sommes
« des exilés, et nous allons chercher une patrie. »
En disant cela, le guerrier baissa la tête dans son
sein, et avec le bout de son arc il abattait la tête des
fleurs. Je vis qu'il y avait des larmes au fond de
cette histoire, et je me tus. La femme retira son fils
des branches de l'arbre, et elle le donna à porter à
son époux. Alors je dis : « Voulez-vous me permettre
« d'allumer votre feu cette nuit ? — Nous n'avons
« point de cabane, reprit le guerrier ; si vous voulez
« nous suivre, nous campons au bord de la chute.
« — Je le veux bien, » répondis-je, et nous partî-
mes ensemble.

Nous arrivâmes bientôt au bord de la cataracte qui s'annonçait par d'affreux mugissements. Elle est formée par la rivière Niagara, qui sort du lac Erié, et se jette dans le lac Ontario ; sa hauteur perpendiculaire est de cent quarante-quatre pieds. Depuis le lac Erié jusqu'au saut, le fleuve accourt par une pente rapide, et au moment de la chute, c'est moins un fleuve qu'une mer, dont les torrents se pressent à la bouche béante d'un gouffre.

Tandis qu'avec un plaisir mêlé de terreur je contemplais ce spectacle, l'Indienne et son époux me quittèrent. Je les cherchai en remontant le fleuve au-dessus de la chute, et bientôt je les trouvai dans un endroit convenable à leur deuil. Ils étaient couchés sur l'herbe, avec des vieillards, auprès de quelques ossements humains enveloppés dans des peaux de bêtes. Étonné de tout ce que je voyais depuis quelques heures, je m'assis auprès de la jeune mère, et lui dis : « Qu'est-ce que tout ceci, ma sœur ! » Elle me répondit : « Mon frère, c'est la terre de la pa-
« trie, ce sont les cendres de nos aïeux, qui nous
« suivent dans notre exil. —Et comment, m'écriai-je,
« avez-vous été réduits à un tel malheur? » La fille de Céluta répartit : « Nous sommes les restes des
« Natchez. Après le massacre que les Français firent
« de notre nation pour venger leurs frères, ceux de
« nos frères qui échappèrent aux vainqueurs trou-
« vèrent un asile chez les Chikassas nos voisins.
« Nous y sommes demeurés assez longtemps tran-
« quilles ; mais il y a sept lunes que les blancs de
« la Virginie se sont emparés de nos terres, en di-
« sant qu'elles leur ont été données par un roi d'Eu-
« rope. Nous avons levé les yeux au ciel, et chargés
« des restes de nos aïeux, nous avons pris notre
« route à travers le désert. Je suis accouchée pen-

« dant la marche ; et comme mon lait était mau-
« vais, à cause de la douleur, il a fait mourir
« mon enfant. » En disant cela, la jeune mère
essuya ses yeux avec sa chevelure ; je pleurais
aussi.

Or, je dis bientôt : « Ma sœur, adorons le Grand-
« Esprit, tout arrive par son ordre. Nous sommes
« tous voyageurs ; nos pères l'ont été comme nous ;
« mais il y a un lieu où nous nous reposerons. Si
« je ne craignais d'avoir la langue aussi légère que
« celle d'un blanc, je vous demanderais si vous avez
« entendu parler de Chactas le Natchetz? A ces
« mots, l'Indienne me regarda et me dit : Qui est-
« ce qui a parlé de Chactas le Natchetz? » Je répondis : « C'est la Sagesse. » L'indienne reprit :
« Je vous dirai ce que je sais, je suis la fille de la
« fille de René l'Européen, que Chactas avait adoptée.
« Chactas, qui avait reçu le baptême, et René mon
« aïeul si malheureux ont péri dans le massacre. —
« L'homme va toujours de douleur en douleur, ré-
« pondis-je en m'inclinant. Vous pourriez donc aussi
« m'apprendre des nouvelles du père Aubry? — Il
« n'a pas été plus heureux que Chactas, dit l'Indienne.
« Les Chéroquois, ennemis des Français, pénétrèrent
« à la Mission ; ils y furent conduits par le son de la
« cloche qu'on sonnait pour secourir les voyageurs.
« Le père Aubry se pouvait sauver ; mais il ne vou-
« lut pas abandonner ses enfants, et il demeura
« pour les encourager à mourir par son exemple. Il
« fut brûlé avec de grandes tortures ; jamais on ne
« put tirer de lui un cri qui tournât à la honte de
« son Dieu, ou au déshonneur de sa patrie. Il ne
« cessa, durant le supplice, de prier pour ses bour-
« reaux, et de compatir au sort des victimes. Pour
« lui arracher une marque de faiblesse, les Chéro-

« quois amenèrent à ses pieds un Sauvage chrétien,
« qu'ils avaient horriblement mutilé. Mais ils furent
« bien surpris quand ils virent le jeune homme se
« jeter à genoux, et baiser les plaies du vieil ermite,
« qui lui criait : Mon enfant, nous avons été mis
« en spectacle aux anges et aux hommes. Les In-
« diens, furieux, lui plongèrent un fer rouge dans la
« gorge pour l'empêcher de parler. Alors, ne pou-
« vant plus consoler les hommes, il expira.

« On dit que les Chéroquois, tout accoutumés
« qu'ils étaient à voir des Sauvages souffrir avec
« constance, ne purent s'empêcher d'avouer qu'il
« y avait dans l'humble courage du père Aubry
« quelque chose qui leur était inconnu, et qui sur-
« passait tous les courages de la terre. Plusieurs
« d'entre eux frappés de cette mort, se sont faits
« chrétiens.

« Quelques années après, Chactas, à son retour
« de la terre des blancs, ayant appris les malheurs
« du chef de la prière, partit pour aller recueillir
« ses cendres et celles d'Atala. Il arriva à l'endroit
« où était située la Mission, mais il put à peine le
« reconnaître. Le lac était débordé, et la savane était
« changée en un marais ; le pont naturel, en
« s'écroulant, avait enseveli sous ses débris le tom-
« beau d'Atala et le bocage de la mort. Chactas erra
« longtemps dans ce lieu ; il visita la grotte du soli-
« taire, qu'il trouva remplie de ronces et de fram-
« boisiers, et dans laquelle une biche allaitait son
« faon. Il s'assit sur le rocher de la Veillée-de-la
« Mort, où il ne vit que quelques plumes tombées
« de l'aile de l'oiseau de passage. Tandis qu'il y pleu-
« rait, le serpent familier du missionnaire sortit des
« broussailles voisines et vint s'entortiller à ses pieds.
« Chactas réchauffa dans son sein ce fidèle ami,

« resté seul au milieu de ces ruines. Le fils d'Outa-
« lissi a raconté que plusieurs fois, aux approches
« de la nuit, il avait cru voir les ombres d'Atala et
« du père Aubry s'élever dans la vapeur du crépus-
« cule. Ces visions le remplirent d'une religieuse
« frayeur et d'une joie triste.

« Après avoir cherché vainement le tombeau de
« sa sœur et celui de l'ermite, il était près d'aban-
« donner ces lieux, lorsque la biche de la grotte
« se mit à bondir devant lui. Elle s'arrêta au pied
« de la croix de Mission. Cette croix était alors à
« moitié entourée d'eau; son bois était rongé de
« mousse, et le pélican du désert aimait à se percher
« sur ses bras vermoulus. Chactas jugea que la
« biche reconnaissante l'avait conduit au tombeau de
« son hôte. Il creusa sous la roche qui jadis servait
« d'autel, et il y trouva les restes d'un homme et
« d'une femme. Il ne douta point que ce ne fussent
« ceux du prêtre et de la vierge, que les anges
« avaient peut-être ensevelis dans ce lieu; il les
« enveloppa dans des peaux d'ours, et reprit le
« chemin de son pays, emportant ces précieux restes,
« qui résonnaient sur ses épaules comme le car-
« quois de la mort. La nuit, il les mettait sous sa
« tête, et il avait des songes d'amour et de vertu.
« O étranger! tu peux contempler ici cette poussière
« avec celle de Chactas lui-même. »

Comme l'Indienne achevait de prononcer ces mots,
je me levai; je m'approchai des cendres sacrées, et
me prosternai devant elles en silence. Puis m'éloignant à grands pas, je m'écriai : « Ainsi passe sur
« la terre tout ce qui fut bon, vertueux, sensible !
« Homme, tu n'es qu'un songe rapide, un rêve
« douloureux; tu n'existes que par le malheur;
« tu n'es quelque chose que par la tristesse de

« ton âme et l'éternelle mélancolie de ta pensée. »

Ces réflexions m'occupèrent toute la nuit, le lendemain, au point du jour, mes hôtes me quittèrent.
Les jeunes guerriers ouvraient la marche, et les
épouses la fermaient; les premiers étaient chargés
des saintes reliques; les secondes portaient leurs
nouveaux — nés : les vieillards cheminaient lentement au milieu, placés entre leurs aïeux et leur
postérité, entre les souvenirs et l'espérance, entre
la patrie perdue et la patrie à venir. Oh! que de larmes sont répandues lorsqu'on abandonne ainsi la
terre natale, lorsque du haut de la colline de l'exil
on découvre pour la dernière fois le toit où l'on fut
nourri, et le fleuve de la cabane qui continue de couler tristement à travers les champs solitaires de la
patrie!

Indiens infortunés que j'ai vus errer dans les
déserts du Nouveau — Monde avec les cendres de vos
aïeux; vous qui m'aviez donné l'hospitalité malgré
votre misère! je ne pourrais vous la rendre aujour-
d'hui, car j'erre ainsi que vous à la merci des hommes; et, moins heureux dans mon exil, je n'ai point
emporté les os de mes pères.

FIN D'ATALA.

VOYAGE A CLERMONT

(AUVERGNE).

——————❦——————

Me voici au berceau de Pascal et au tombeau de Massillon. Que de souvenirs! les anciens rois d'Auvergne et l'invasion des Romains, César et ses légions, Vercingétorix, les derniers efforts de la liberté des Gaules contre un tyran étranger, puis les Visigoths, puis les Francs, puis les évêques, puis les comtes et les Dauphins d'Auvergne, etc.

Gergovia, oppidum Gergovia, n'est pas Clermont : sur cette colline de Gergoye que j'aperçois au sud-est, était la véritable Gergovie. Voilà Mont-Rognon, *Mons Rugosus*, dont César s'empara pour couper les vivres aux Gaulois renfermés dans Gergovie. Je ne sais quel Dauphin bâtit sur le *Mons Rugosus* un château dont les ruines subsistent.

Clermont était *Nemossus*, à supposer qu'il n'y ait pas de fausse lecture dans Strabon; il était encore *Nemetam, Angusto - Nemetum, Arverni urbs, civitas Arverna, opdidum Arvernum*, témoin Pline, Ptolémée, la carte de Peutinger, etc.

Mais d'où lui vient ce nom de *Clermont*, et quand a-t-il pris ce nom? Dans le neuvième siècle, disent Loup de Ferrière et Guillaume de Tyr : il y a quelque chose qui tranche mieux la question. L'Anonyme, auteur des gestes de Pipin, ou, comme nous prononçons, Pepin, dit : *Maximam partem Aquitaniæ vastans, usque urbem Arvernam, cum omni exercituveniens (Pipinas)* CLARE MON-TEM *castrum captum, atque succensum bellando cepit.*

Le passage est curieux en ce qu'il distingue la ville, *urbem Arvernam*, du château *Clare Mon-tem castrum.* Ainsi la ville romaine était au bas du monticule et elle était défendue par un château bâti sur le monticule : ce château s'appelait *Cler-mont.* Les habitants de la ville basse ou de la ville romaine, *Arverni urbs*, fatigués d'être sans cesse ravagés dans une ville ouverte, se retirèrent peu à peu autour et sous la protection du château. Une nouvelle ville du nom de Clermont s'éleva dans l'endroit où elle est aujourd'hui, vers le milieu du huitième siècle, un siècle avant l'époque fixée par Guillaume de Tyr.

Faut-il croire que les anciens Arvernes, les Au-vergnats d'aujourd'hui, avaient fait des incursions en Italie, avant l'arrivée du pieux Énée, ou faut-il croire, d'après Lucain, que les Arvernes descendaient tout droit des Troyens? Alors, ils ne se seraient guère mis en peine des imprécations de Didon, puis-qu'ils s'étaient faits les alliés d'Annibal et les proté-gés de Carthage. Selon les druides, si toutefois, nous savons ce que disaient les druides, Pluton au-rait été le père des Arvernes; cette fable ne pour-rait-elle tirer son origine de la tradition des anciens volcans d'Auvergne?

il croire, avec Athénée et Strabon, que Lu-crius, roi des Arvernes, donnait de grands repas à tous ses sujets, et qu'il se promenait sur un char

élevé en jetant des sacs d'or et d'argent à la foule?
Cependant les rois gaulois (*Cæsar, Comm.*) vivaient dans des espèces de huttes faites de bois et
de terre, comme nos montagnards d'Auvergne.

Faut-il croire que les Arvernes avaient enrégi-
menté des chiens, lesquels manœuvraient comme des
troupes régulières, et que Bituitus avait un assez
grand nombre de ces chiens pour manger toute une
armée romaine ?

Faut-il croire que ce roi Bituitus attaqua avec
deux cent mille combattants le consul Fabius qui
n'avait que trente mille hommes? Nonobstant ce, les
trente mille Romains tuèrent ou noyèrent dans le
Rhône cent cinquante mille Auvergnats, ni plus ni
moins. Comptons :

Cinquante mille noyés, c'est beaucoup ;

Cent mille tués.

Or, comme il n'y avait que trente mille Romains, chaque légionnaire a dû tuer trois Auvergnats, ce qui fait quatre-vingt dix mille Auvergnats.

Reste dix mille tués à partager entre les plus
forts tueurs, ou les machines de l'armée de Fabius.

Bien entendu que les Auvergnats ne se sont pas
défendus du tout, que leurs chiens enrégimentés
n'ont pas fait meilleure contenance ; qu'un seul coup
d'épée, de pilum, de flèche ou de fronde, dûment
ajusté dans une partie mortelle, a suffi pour tuer son
homme ; que les Auvergnats n'ont ni fui, ni pu fuir;
que les Romains n'ont pas perdu un seul soldat, et
qu'enfin quelques heures ont suffi *matériellement*
pour tuer avec le glaive cent mille hommes ; le géant
Robastre était un Myrmidon auprès de cela. A l'époque de la victoire de Fabius, chaque légion ne traînait
pas encore après elle dix machines de guerre de la
première grandeur, et cinquante plus petites.

Faut-il croire que le royaume d'Auvergne, changé en république, arma, sous Vercingetorix, quatre cënt mille soldats contre César?

Faut-il croire que *Nemetum* était une ville immense qui n'avait rien moins que trente portes?

En fait d'histoire, je suis un peu de l'humeur de mon compatriote le père Hardouin, qui avait du bon: il prétendait que l'histoire ancienne avait été refaite par les moines du treizième siècle, d'après les *Odes* d'Horace, les *Géorgiques* de Virgile, les ouvrages de Pline et de Cicéron. Il se moquait de ceux qui prétendaient que le soleil était loin de la terre: voilà un homme raisonnable.

La ville des Arvernes, devenue romaine sous le nom d'*Augusto Nemetum*, eut un capitole, un amphithéâtre, un temple de Wasso-Galates, un colosse qui égalait presque celui de Rhodes.; Pline nous parle de ses carrières et de ses sculpteurs. Elle eut aussi une école célèbre, d'où sortit le rhéteur Fronton, maître de Marc-Aurèle. *Augusto Nemetum*, régie par le droit latin, avait un sénat; ces citoyens, citoyens romains, pouvaient être revêtus des grandes charges de l'État: c'était encore le souvenir de Rome républicaine qui donnait la puissance aux esclaves de l'empire.

Les collines qui entourent Clermont étaient couvertes de bois et marquées par des temples: à Champturgues un temple de Bacchus, à Monjuset un temple de Jupiter, desservi par des femmes-fées (*fatuæ fatidicæ*), au Puy de Montaudon un temple de Mercure ou de Teutatès (Montaudon, *Mons Teutatès*), etc.

Nemetum tomba avec toute l'Auvergne sous la domination des Visigoths, par la cession de l'empereur Népos; mais Alaric ayant été vaincu à la bataille de Vouillé, l'auvergne passa aux Francs. Vinrent ensuite les temps féodaux, et le gouvernement souvent indépendant des évêques, des comtes et des Dauphins.

Le premier apôtre de l'Auvergne fut saint Austremoine : la *Gallia christiana* compte quatre-vingt-seize évêques depuis ce premier évêque jusqu'à Massillon. Trente et un ou trente-deux de ces évêques ont été reconnu pour saints ; un d'entre eux a été pape sous le nom d'Innocent VI. Le gouvernement de ces évêques n'a rien eu de remarquable : je parlerai de Caulin.

Chilping disait à Thierry, qni voulait détruire Clermont : « Les murs de cette cité sont très-forts, « et remparés de boulevards inexpugnables; et, « afin que votre majesté m'entende mieux, je parle « des saints et de leurs églises qui environnent les « murailles de cette ville. »

Ce fut au conseil de Clermont que le pape Urbain II prêcha la première croisade. Tout l'auditoire s'écria : « *Diex el volt !* » et Aymar, évêque du Puy, partit avec les croisés. Le Tasse le fait tuer par Clorinde.

> . . . . . . Fu del sangue sacro
> Su l'arme femminili, ampio lavacro.

Les comtes qui régnèrent en Auvergne ou qui furent les premiers seigneurs féodaux, produisirent des hommes assez singuliers. Vers le milieu du dixième siècle, Guillaume, septième comte d'Auvergne, qui, du côté maternel, descendait des Dauphins viennois, prit le titre de DAUPHIN et le donna à ses terres.

Le fils de Guillaume s'appela ROBERT, nom des avantures et des romans. Ce second Dauphin d'Auvergne favorisa les amours d'un pauvre chevalier. Robert

avait une sœur, femme de Bertrand Ier, sire de
Mercœur ; Pérols, troubadour, aimait cette grande
dame ; il en fit l'aveu à Robert, qui ne s'en fâcha pas du
tout : c'est l'histoire du Tasse retournée. Robert lui-
même était poëte, et échangeait des *sirventes* avec
Richard Cœur de Lion.

Le petit-fils de Robert, commandeur des tem-
pliers en Aquitaine, fut brûlé vif à Paris : il expia
avec courage dans les tourments un premier moment de faiblesse. Il ne trouva pas dans Philippe le
Bel la tolérance qu'un troubadour avait rencontré
dans Robert : pourtant Philippe, qui brûlait les tem-
pliers, faisait enlever et souffleter les papes.

Une multitude de souvenirs historiques s'attachent
à différents lieux de l'Auvergne. Le village de la
Tour rappelle un nom à jamais glorieux pour la
France, La Tour d'Auvergne.

Marguerite de Valois se consolait un peu trop
gaiement à Usson de la perte de ses grandeurs et
des malheurs du royaume ; elle avait séduit le marquis de Canillac, qui la gardait dans ce château.
Elle faisait semblant d'aimer la femme de Canillac :
« Le bon du jeu, dit d'Aubigné, fut qu'aussitôt que
« son mari (Canillac) eut le dos tourné, pour aller à
« Paris, Marguerite la dépouilla de ses beaux
« joyaux, la renvoya comme une péteuse avec tous
» ses gardes, et se rendit dame et maîtresse de la
« place. Le marquis se trouva beste, et servit de
« risée au roi de Navarre. »

Marguerite aimait beaucoup ses amants tandis
qu'ils vivaient : à leur mort elle les pleurait, faisait
des vers pour leur mémoire, déclarait qu'elle leur
serait toujours fidèle : *Mentem Venus ipsa dedit :*

Atys, de qui la perte attriste mes années ;
Atys, dignes des vœux de tant d'âmes bien nées,

> Que j'avais élevé pour montrer aux humains
> Une œuvre de mes mains.. -

. . . .

> Si je cesse d'aimer, qu'on cesse de prétendre :
> Je ne veux désormais être prise ni prendre.

Et dès le soir même, Marguerite était prise et mentait à son amour et à sa muse.

Elle avait aimé La Mole, décapité avec Coconas : pendant la nuit elle fit enlever la tête de ce jeune homme, la parfuma, l'enterra de ses propres mains, et soupira ses regrets au bel *Hyacinthe*. « Le pau-« vre diable d'Aubiac, en allant à la potence, au lieu « de se souvenir de son âme et de son salut, baisait « un manchon de velours raz bleu qui lui restait « des bienfaits de sa dame. » Aubiac, en voyant Marguerite pour la première fois, avait dit : « Je « voudrais avoir passé une nuit avec elle, à peine « d'être pendu quelque temps après. » Martigues portait aux combats et aux assauts un petit chien que lui avait donné Marguerite.

D'Aubigné prétend que Marguerite avait fait faire à Usson les lits de ses dames extrêmement hauts, » « afin de ne plus s'escorcher, comme elle souloit, « les espaules en s'y fourrant à quatre pieds pour y chercher Pominy, » fils d'un chaudronnier d'Auvergne, et qui d'enfant de chœur qu'il était devint secrétaire de Marguerite.

Le même historien la prostitue dès l'âge de onze ans à d'Antragues et à Charin ; il la livre à ses deux frères, François, duc d'Alençon, et Henri III ; mais il ne faut pas croire entièrement les satires de d'Aubigné huguenot hargneux, ambitieux, mécontent, d'un esprit caustique : Pibrac et Brantôme ne parlent pas comme lui.

Marguerite n'aimait point Henri IV, qu'elle trou-

yait malpropre. Elle recevait Champvallon « dans
« un lit éclairé avec des flambeaux, entre deux lin-
« ceuils de taffetas noir. » Elle avait écouté M. de
Mayenne :

« Bon compagnon gros et gras, et voluptueux comme elle,
et ce grand dégousté de vicomte de Turenne, et ce vieux
rufian de Pibrac, dont elle montrait les lettres pour rire à
Henri IV; et ce petit chicon de valet de Provence, Date,
qu'avec six aulnes d'étoffe elle avait anobli dans Usson ;
et ce bec-jaune de Bajaumont. »

Le dernier de la longue liste qu'avait commencée
d'Antragues, et qu'avaient continuée, avec les favo-
ris déjà cités, le duc de Guise, Saint-Luc et Bussy.

Selon le père Lacoste, la seule *vue de l'ivoire
du bras de Marguerite* triompha de Canillac.

Pour finir ce *notable commentaire, qui m'est
échappé d'un flux de caquet,* comme parle Mon-
taigne, je dirai que les deux lignées royales des d'Or-
léans et des Valois avaient peu de mœurs, mais
qu'elles avaient du génie ; elles aimaient les lettres
et les arts : le sang français et le sang italien se mêlaient en elles par Valentine de Milan et Catherine
de Médicis. François Ier était poëte, témoin ses vers
charmants sur Agnès Sorel; sa sœur, LA ROYNE DE
NAVARRE, contait à la manière de Boccace; Charles IX
rivalisait avec Ronsard ; les chants de Marguerite de
Valois, d'ailleurs tolérante et humaine (elle sauva
plusieurs victimes à la Saint-Barthélémy), étaient répétés par toute la cour : ses MÉMOIRES sont pleins de
dignité, de grâce et d'intérêt.

Le siècle des arts en France est celui de François Ier
en descendant jusqu'à Louis XIII, nullement le
siècle de Louis XIV : le PETIT PALAIS des Tuileries, le
vieux Louvre, une partie de Fontainebleau et d'Anet,
le palais du Luxembourg, sont ou étaient fort supé-
rieurs aux monuments du grand roi.

C'était tout un autre personnage que Marguerite de Valois, ce chancelier de l'Hospital, né à Aigueperse, à quinze ou seize lieues d'Usson. « C'estoit
« un autre censeur Caton, celui-la, dit Brantôme, et
« qui savoit très-bien censurer et corriger le monde
« corrompu. Il en avait du moins toute l'apparence
« avec sa grande barbe blanche, son visage pasle,
« sa façon grave, qu'on eust dit à le voir que c'es-
« toit un vrai portrait de saint Jérosme.

« Il ne falloit pas se jouer avec ce grand juge et
« rude magistrat : si estoit-il pourtant doux quelque-
« fois, là où il voyoit de la raison... Ces belles-let-
« tres humaines lui rabattoient beaucoup de sa ri-
« gueur de justice. Il estoit grand orateur et fort
« disert, grand historien, et surtout très-divin poëte
« latin, comme plusieurs de ses œuvres l'ont mani-
« festé tel. »

Le chancelier de l'Hospital, peu aimé de la cour et disgracié, se retira pauvre dans une petite maison de campagne auprès d'Étampes. On l'accusait de modération en religion et en politique : des assassins furent envoyés pour le tuer lors du massacre de la Saint-Barthélemy. Ses domestiques voulaient fermer les portes de sa maison : « Non, non, dit-il ; si la pe-
« tite porte n'est bastante pour les faire entrer,
« ouvrez la grande. »

La veuve du duc de Guise sauva la fille du chancelier en la cachant dans sa maison ; il dut lui-même son salut aux prières de la duchesse de Savoie. Nous avons son testament en latin : Brantôme nous le donne en français ; il est curieux et par les dispositions et par les détails qu'il renferme.

« Ceux, dit l'Hospital, qui m'avoient chassé, pre-
« noient une couverture de religion, et eux-mesmes
« estoient sans pitié et religion, mais je vous puis

6

« assurer qu'il n'y avoit rien qui les esmust davan-
« tage que ce qu'ils pensoient que tant que je serois
« en charge il ne leur seroit permis de rompre les
« édits du roi, ni de piller ses finances et celles
« de ses sujets.

« Au reste, il y a presque cinq ans que je mène
« ici la vie de Laërte... et je ne veux point rafraischir
« la mémoire des choses que j'ai souffertes en ce
« despartement de la cour. »

Les murs de sa maison tombaient ; il avait de la
peine à nourrir ses vieux serviteurs et sa nombreuse
famille ; il se consolait, comme Cicéron, avec les
Muses ; mais il avait désiré voir les peuples rétablis
dans leur liberté, et il mourut lorsque les cadavres
des victimes du fanatisme n'avaient pas encore été
mangés par les vers, ou dévorés par les poissons et
les vautours.

Je voudrais bien placer Châteauneuf de Randon en
Auvergne ; il en est si près ! C'est là que Du Guesclin
reçut sur son cercueil les clefs de la forteresse :
nargue les deux manuscrits qui ont fait capituler la
place quelques heures avant la mort du connétable.

« Vous verrez dans l'histoire de ce Breton une âme
« forte, nourrie dans le fer, pétrie sous des palmes,
« dans laquelle Mars fit eschole longtemps. La
« Bretagne en fut l'essai ; l'Anglois, son boute-hors ;
« la Castille, son chef-d'œuvre : dont les actions
« n'estoient que héraults de sa gloire ; les défaveurs,
« theastres élevés à sa constance ; le cercueil, em-
« basement d'un immortel trophée. »

L'Auvergne a subi le joug des Visighots et des
Francs, mais elle n'a été colonisée que par les Romains ; de sorte que, s'il y a des Gaulois en France,
il faut les chercher en Auvergne, *montes Celtorum*.
Tous ses monuments sont celtiques ; et ses anciennes

maisons descendent ou de familles romaines consa-
crées à l'épiscopat, ou des familles indigènes.

La féodalité poussa néanmoins de vigoureuses racines en Auvergne ; toutes les montagnes se hérissè-
rent de châteaux. Dans ces châteaux s'établirent des
seigneurs qui exercèrent ces petites tyrannies, ces
droits bizarres enfants de l'arbitraire, de la grossiè-
reté des mœurs et de l'ennui. A Langeac, le jour de
la fête de saint Galles, un châtelain jetait un millier
d'œufs à la tête des paysans, comme en Bretagne,
chez un autre seigneur, on apportait un bœuf gar-
rotté dans un grand chariot traîné par six bœufs.

Un seigneur de Tournemine, assigné dans son
manoir d'Auvergne par un huissier appelé *Loup*,
lui fit couper le poing, disant que jamais loup ne
s'était présenté à son château sans qu'il n'eût laissé
sa patte clouée à la porte. Aussi arriva-t-il qu'aux
grands jours tenus à Clermont en 1665, ces petites
fredaines produisirent douze milles plaintes rendues
en justice criminelle. Presque toute la noblesse fut
obligée de fuir, et l'on n'a point oublié l'homme *aux
douze apôtres*. Le cardinal de Richelieu fit raser
une partie des châteaux d'Auvergne ; Louis XIV en
acheva la destruction. De tous ces donjons en ruine,
un des plus célèbres est celui de Murat ou d'Armagnac. Là fut pris le malheureux Jacques, duc de
Nemours, jadis lié d'amitié avec ce Jean V, comte
d'Armagnac, qui avait épousé publiquement sa propre sœur. En vain le duc de Nemours adressa-t-il
une lettre bien humble à Louis XI, « écrite en la
cage de la Bastille » et signée « le pauvre Jacques ; »
il fut décapité aux halles de Paris, et ses trois jeunes
fils, placés sous l'échafaud, furent couverts du sang
de leur père.

Charles de Valois, duc d'Angoulême, fils naturel

de Charles IX et de Marie Touchet, frère utérin de
la marquise de Verneuil, fut investi du comté de
Clermont et d'Auvergne. Il entra dans les complots
de Biron, dont la mort est justement reprochée à
Henri IV. A la mort de Henri III, Henri IV avait dit
à Armand de Gontaut, baron de Biron : » C'est à
cette heure qu'il faut que vous mestiez la main droite
à ma couronne; venez-moi servir de père et d'ami
contre ces gens qui n'aiment ni vous ni moi. » Henri
aurait dû garder la mémoire de ces paroles; il aurait dû se souvenir que Charles de Gontaut, fils
d'Armand, avait été son compagnon d'armes; il aurait dû se souvenir que la tête de celui qui avait mis
LA MAIN DROITE A SA COURONNE avait été emportée
par un boulet : ce n'était pas au Béarnais à joindre
la tête du fils à la tête du père.

Le comte d'Auvergne, pour de nouvelles intrigues,
fut arrêté à Clermont; sa maîtresse, la dame de
Châteaugay, menaçait de tuer de cent coups de pistolet et de cent coups d'épée d'Eure et Murat qui
avaient saisi le comte : elle ne tua personne. Le
comte d'Auvergne fut mis à la Bastille; il en sortit
sous Louis XIII, et vécut jusqu'en 1650; c'était la
dernière goutte du sang des Valois.

Le duc d'Angoulême était brave, léger et lettré
comme tous les Valois. Ses mémoires contiennent
une relation touchante de la mort de Henri III, et un
récit détaillé du combat d'Arques, auquel lui, duc
d'Angoulême, s'était trouvé à l'âge de seize ans.
Chargeant Sagonne, ligueur décidé, qui lui criait :
« Du fouet! du fouet! petit garçon! » il lui cassa la
cuisse d'un coup de pistolet, et obtint les prémices de
la victoire.

L'Auvergne fut presque toujours en révolte sous
la seconde race; elle dépendait de l'Aquitaine; et la

charte d'Aalon a prouvé que les premiers ducs d'A-
quitaine descendaient en ligne directe de la race de
Clovis ; ils combattaient donc les Carlovingiens comme
des ursurpateurs du trône. Sous la troisième race,
lorsque la Guyenne, fief de la couronne de France,
tomba par alliance et héritage à la couronne d'Angleterre, l'Auvergne se trouva anglaise en partie :
elle fut alors ravagée par les grandes compagnies,
par les écorcheurs, etc. On chantait partout des
complaintes latines sur les malheurs de la France :

> Plange, regni respublica,
> Tua gens ut schismatica
> Desolatur, etc.

Pendant les guerres de la Ligue, l'Auvergne eut
beaucoup à souffrir. Les sièges d'Issoire sont fameux : le capitaine Merle, partisan protestant, fit
écorcher vifs trois religieux de l'Abbaye d'Issoire. Ce
n'était pas la peine de crier si haut contre les vio-
lences des catholiques.

On a beaucoup cité, et avec raison, la réponse du
gouverneur de Bayonne à Charles IX qui lui ordon-
nait de massacrer les protestants. Montmorin, com-
mandant en Auvergne à la même époque, fit éclater
la même générosité. La noble famille qui avait mon-
tré un si véritable dévouement à son prince, ne l'a
point démenti de nos jours ; elle a répandu son sang
pour un monarque aussi vertueux que Charles IX
fut criminel.

Voltaire nous a conservé la lettre de Montmorin.

« SIRE,

« J'ai reçu ordre, sous le sceau de Votre Majesté,
« de faire mourir tous les protestants qui sont
« dans ma province Je respecte trop Votre Majesté
« pour ne pas croire que ces lettres sont supposées ;

« et si, ce qu'à Dieu ne plaise, l'ordre est véritable-
« ment émané d'elle, je la respecte aussi trop pour
« lui obéir. »

C'est de Clermont que nous viennent les deux plus
anciens historiens de la France. Sidoine Appollinaire
et Grégoire de Tours. Sidoine, natif de Lyon et évêque de Clermont, n'est pas seulement un poëte,
c'est un écrivain qui nous apprend comme les rois
francs célébraient leurs noces dans un fourgon,
comment ils s'habillaient et quel était leur langage.
Grégoire de Tours nous dit, sans compter le reste,
ce qui se passait à Clermont de son temps ; il raconte,
avec une ingénuité de détails qui fait frémir, l'épou-
vantable histoire du prêtre Anastase, enfermé par l'é-
vêque Culin dans un tombeau avec le cadavre d'un
vieillard. L'anecdote des deux amants est aussi fort
célèbre : les deux tombeaux d'Injuriosus et de Scho-
lastique se rapprochèrent, en signe de l'étroite union
des deux chastes époux, qui ne craignaient plus de
manquer à leur serment. Quelque chose de semblable
a été dit depuis d'Abeilard et d'Héloïse ; on n'a pas la
même confiance dans le fait. Grégoire de Tours, naïf
dans ses pensées, barbare dans son langage, ne laisse
pas que d'être fleuri et rhétoricien dans son style.

L'Auvergne a vu naître le chancelier de l'Hospital,
Domat, Pascal, le cardinal de Polignac, l'abbé Gé-
rard, le père Sirmond ; et de nos jours La Fayette,
Desaix, d'Estaing, Chamfort, Thomas, Delille, Cha-
brol, Dulaure, Montlosier et Barante. J'oubliais
de compter ce Lizet, ferme dans la prospérité,
lâche au malheur, faisant brûler les protestants,
requérant la mort pour le connétable de Bourbon,
et n'ayant pas le courage de perdre une place.

Maintenant que ma mémoire ne fournit plus rien

d'essentiel sur l'histoire d'Auvergne, parlons de la cathédrale de Clermont, de la Limagne et du Puy-de-Dôme.

La cathédrale de Clermont est un monument gothique qui, comme tant d'autres, n'a jamais été achevé. Hugues de Tours commença à la faire bâtir en partant pour la Terre-Sainte, sur un plan donné par Jean de Campis. La plupart de ces grands monuments ne se finissaient qu'à force de siècles, parce qu'ils coûtaient des sommes immenses. La chrétienté entière payait ces sommes du produit des quêtes et des aumônes.

La voûte en ogive de la cathédrale de Clermont est soutenue par des piliers si déliés qu'ils sont effrayants à l'œil : c'est à croire que la voûte va fondre sur votre tête. L'église, sombre et religieuse, est assez bien ornée pour la pauvreté actuelle du culte. On n'y voyait autrefois le tableau de la *Conversion de saint Paul*, un des meilleurs de Lebrun; on l'a ratissé avec la lame d'un sabre : *Turba ruit!* Le tombeau de Massillon était aussi dans cette église; on l'en a fait disparaître dans un temps où rien n'était à sa place, pas même la mort.

Il y a longtemps que la Limagne est célèbre par sa beauté. On cite toujours le roi Childebert à qui Grégoire de Tours fait dire : « Je voudrais voir quelque jour la Limagne d'Auvergne, « que l'on dit « être un pays si agréable. » Salvien appelle la Limagne la *moelle des Gaules.*

La position de Clermont est une des plus belles du monde.

Qu'on se représente des montagnes s'arrondissant en un demi-cercle; un monticule attaché à la partie concave de ce demi-cercle ; sur ce monticule, Clermont; au pied de Clermont, la Limagne, formant une vallée de vingt lieues de long, dé six, huit et dix de large.

Le bassin de la Limagne n'est point d'un niveau égale ; c'est un terrain tourmenté dont les bossss de diverses hauteurs semblent unies quand on les voit de Clermont, mais qui, dans la vérité, offrent des inégalités nombreuses et forment une multitude de petits vallons au sein de la grande vallée. Des villages blancs, des maisons de campagnes blanches, de vieux châteaux noirs, des collines rougeâtres, des plants de vignes, des prairies bordées de saules, des noyers isolés qui s'arrondissent comme des orangers, ou portent leurs rameaux comme les branches d'un candélabre, mêlent leurs couleurs variées à la couleur des froments. Ajoutez à cela tous les jeux de la lumière.

A mesure que le soleil descendait à l'occident, l'ombre coulait à l'orient et envahissait la plaine. Bientôt le soleil a disparu ; mais, baissant toujours et marchant derrière les montagnes de l'ouest, il a rencontré quelque défilé débouchant sur la Limagne : précipités à travers cette ouverture, ses rayons ont soudain coupé l'uniforme obscurité de la plaine par un fleuve d'or. Les monts qui bordent la Limagne au levant retenaient encore la lumière sur leur cime ; la ligne que ces monts traçaient dans l'air se brisait en arcs dont la partie convexe était tournée vers la terre. Tous ces arcs, se liant les uns aux autres par les extrémités, imitaient à l'horizon la sinuosité d'une guirlande, ou les festons de ces draperies que l'on suspend aux murs d'un palais avec des roses de bronze. Les montagnes du levant dessinées de la sorte, et peintes, comme je l'ai dit, des reflets du soleil opposé, ressemblaient à un rideau de moire bleue et pourpre ; lointaine et dernière décoration du pompeux spectacle que la Limagne étalait à mes yeux.

Les deux degrés de différence entre la latitude de Clermont et celle de Paris sont déjà sensibles dans la beauté de la lumière : cette lumière est plus fine et moins pesante que dans la vallée de la Seine ; la verdure s'aperçoit de plus loin et paraît moins noire :

> Adieu donc, *Chanonat !* adieu, frais paysages !
> Il semble qu'un autre air parfume vos rivages ;
> Il semble que leur vue ait ranimé mes sens,
> M'ait redonné la joie et rendu mon printemps.

Il faut en croire le poëte de l'Auvergne.

J'ai remarqué ici, dans le style de l'architecture, des souvenirs et des traditions de l'Italie : les toits sont plats, couverts en tuiles à canal ; les lignes des murs, longues ; les fenêtres, étroites et percées haut; les portiques, multipliés ; les fontaines, fréquentes. Rien ne ressemble plus aux villes et aux villages de l'Apennin que les villes et villages des montagnes de Thiers, de l'autre côté de la Limagne, au bord de ce Lignon où Céladon ne se noya pas, sauvé qu'il fut par les trois nymphes Sylvie, Galatée et Léonide.

Il ne reste aucune antiquité romaine à Clermont, si ce n'est peut-être un sarcophage, un bout de voie romaine, et des ruines d'aqueduc ; pas un fragment de colosse, pas même de traces des maisons, des bains et des jardins de Sidoine. Nemetum et Clermont ont soutenu au moins sept siéges, ou, si l'on veut, ils ont été pris et détruits une vingtaine de fois.

Un contraste assez frappant existe entre les femmes et les hommes de cette province. Les femmes ont les traits délicats, la taille légère et déliée ; les hommes sont construits fortement, et il est impossible de ne pas reconnaître un véritable Auvergnat à la forme de la mâchoire inférieure. Une province, pour ne parler que des morts, dont le sang a donné Turenne à l'armée, l'Hospital à la magistrature, et Pascal aux sciences et aux lettres, a prouvé qu'elle a une vertu supérieure.

Je suis allé au Puy-de-Dôme par pure affaire de conscience. Il m'est arrivé ce à quoi je m'étais attendu : la vue du haut de cette montagne est beaucoup moins belle que celle dont on jouit à Clermont. La perspective à vol d'oiseau est plate et vague ; l'objet se rapetisse dans la même proportion que l'espace s'étend.

Il y avait autrefois sur le Puy-de-Dôme une chapelle dédiée à saint-Barnabé ; on en voit encore les fondements : une pyramide de pierre de dix ou douze pieds marque aujourd'hui l'emplacement de cette chapelle. C'est là que Pascal a fait les premières expériences sur la pesanteur de l'air. Je me représentais ce puissant génie cherchant à découvrir, sur ce sommet solitaire, les secrets de la nature, qui devaient le conduire à la connaissance des mystères du Créateur de cette même nature. Pascal se fraya, au moyen de la science, le chemin à l'ignorance chrétienne ; il commença par être un homme sublime, pour apprendre à devenir un simple enfant

Le Puy-de-Dôme n'est élevé que de huit cent vingt-cinq toises au dessus du niveau de la mer ; cependant je sentis à son sommet une difficulté de respirer que je n'ai éprouvée ni dans les Alléghanys, en Amérique, ni sur les plus hautes Alpes de la Savoie. J'ai gravi le Puy-de-Dôme avec autant de peine que le Vésuve ; il faut près d'une heure pour monter de sa base au sommet par un chemin raide et glissant ; mais la verdure et les fleurs vous suivent. La petite fille qui me servait de guide m'avait cueilli un bouquet des plus belles pensées ; j'ai moi même trouvé sous mes pas des œillets rouges d'une élégance par-

faite. Au sommet du mont, on voit partout dé larges
feuilles d'une plante bulbeuse, assez semblable au lis.
J'ai rencontré, à ma grande surprise, sur ce lieu
élevé, trois femmes qui se tenaient par la main et
qui chantaient un cantique. Au-dessous de moi, des
troupeaux de vaches paissaient parmi les monticules
que domine le Puy-de-Dôme. Ces troupeaux montent à la montagne avec le printemps, et en descendent avec la neige. On voit partout les *burons* ou
les chalets de l'Auvergne, mauvais abris de pierres
sans ciment, ou de bois gazonné. Chantez les chalets,
mais ne les habitez pas.

Le patois de la montagne n'est pas exactement
celui de la plaine. La *musette*, d'origine celtique,
sert à accompagner quelques airs de romances, qui
ne sont pas sans euphonie, et sur lesquels on a fait
des paroles françaises. Les Auvergnats, comme les
habitants du Rouergue, vont vendre des mules en
Catalogne et en Aragon; ils rapportent de ce pays
quelque chose d'espagnol qui se marie bien avec la
solitude de leurs montagnes; ils font pour leurs
longs hivers provision de soleil et d'histoires. Les
voyageurs et les vieillards aiment à conter, parce
qu'ils ont beaucoup vu : les uns ont cheminé sur la
terre, les autres, dans la vie.

Les pays de montagnes sont propres à conserver
les mœurs. Une famille d'Auvergne, appelée les
Guillard-Pinon, cultivait en commun des terres
dans les environs de Thiers; elle était gouvernée
par un chef électif, et ressemblait assez à un ancien
clan d'Écosse. Cette espèce de république champêtre
a survécu à la révolution; mais elle est au moment
de se dissoudre.

Je laisse de côté les curiosités naturelles de l'Auvergne, la grotte de Royat, charmante néanmoins

par ses eaux et sa verdure ; les diverses fontaines minérales, la fontaine pétrifiante de Saint-Allyre, avec le pont de pierre qu'elle a formé, et que le roi Charles IX voulut voir ; le puits de la poix, les volcans éteints, etc.

Je laisse aussi à l'écart les merveilles des siècles moyens, les orgues, les horloges avec leur carillon et leurs têtes de Maure ou de More, qui ouvraient des bouches effroyables quand l'heure venait à sonner.

J'ai voulu, avant de mourir, jeter un regard sur l'Auvergne, en souvenance des impressions de ma jeunesse. Lorsque j'étais enfant dans les bruyères de ma Bretagne, et que j'entendais parler de l'Auvergne et des petits Auvergnats, je me figurais que l'Auvergne était un pays bien loin, bien loin, où l'on voyait des choses étranges, où l'on ne pouvait aller qu'avec de grands périls, en cheminant sous la garde de la mère de Dieu.

Je ne vois jamais sans une sorte d'attendrissement ces petits Auvergnats qui vont chercher fortune dans ce grand monde, avec une boîte et quelques méchantes paires de ciseaux. Pauvres enfants qui *dévalent* bien tristes de leurs montagnes, et qui préfèreront toujours le pain bis et la *bourrée* aux prétendues joies de la plaine.

Ils n'avaient guère que l'espérance dans leur boîte en descendant de leurs rochers ; heureux s'ils la rapportent à la chaumière paternelle.

FIN.

Paris. — Typ. Moquet, rue des Fossés-Saint-Jacques, 11.

ES MOBILIÈRES.

RES NEUVES ET D'
CASIC

TURES neuves et d'occasion,
de commerce de M. PICOT,
cûncurs, n° 42, le samedi 20
eure.
e de Mᶜ RIDEL, commissaire-
nt–Honoré.
LIQUE, le vendredi 19 avril 18
heures.   »

IS DE CAPITAUX.

TÉ ANONYME
RNEAUX DE MAUBEUGE (NORD).

aires de cette société sont pré
ément aux prescriptions de l'
s, l'assemblée générale ordinai
nche douze mai prochain, à
au domicile de M. Edmond H
conseil, rue du Grand-Fossart,
27 des statuts, il faut être pr
ns cinq actions sociales, pour
semblées générales, et les titr
nt être déposés avant le 4 m
ris, chez M. Bianchi, représe
rue Richer 58, soit à Valencie
, Lefebvre et Cᵉ, banquiers cha
s cartes d'admission.

RIÉ, COMMERCE.

rue Soufflot, 25, au-coin d

ON TROUVE CHEZ LE MÊME LIBRAIRE:

ÉLISABETH ou les Exilés en Sibérie, suivie de la *prise de Jéricho*, par Mᵐᵉ Cottin, précédée d'une Notice historique sur la vie de l'auteur, nouvelle édition ornée de gravures. 1 vol.

PAUL ET VIRGINIE, par J. H. Bernardin de Saint-Pierre. 1 vol. enrichi de 18 gravures.

GUILLAUME-TELL, par Florian, augmenté d'une Notice historique sur l'auteur. 1 vol., grav.

HISTOIRE COMPLÈTE DE GENEVIÈVE DE BRABANT, ou l'innocence reconnue, augmentée de la Complainte *primitive* et *complète*, composée sur ses malheurs, suivie des **Aventures d'Angèle de Montfort** en Palestine, épisode de la guerre des Croisades, terminé par l'histoire et la complainte lamentable d'**Adélaïde et Ferdinand**, ou *les trois Anneaux*, ouvrage composé d'après de nombreuses recherches et de documents les plus authentiques, par M. de Robville. 1 vol., grav.

HISTOIRE D'ERNESTINE, ou *les Malheurs d'une jeune Orpheline*, par Mᵐᵉ Riccobini. 1 vol.

VICTOR OU L'ENFANT DE LA FORÊT, par Ducray-Duminil. 2 vol. ornés de gravures.

HISTOIRE DES AMOURS DE CAMARALZAMAN, prince de l'île des enfants de **KHALEDAN**; et de **BADOURE**, princesse de la Chine, traduit de l'arabe, par Galland. 1 vol., fig.

Paris. — Impr. de Pommeret et Moreau, 42, rue Vavin.

www.ingramcontent.com/pod-product-compliance
Lightning Source LLC
Chambersburg PA
CBHW060626100426
42744CB00008B/1522